essentials

Essentials liefern aktuelles Wissen in konzentrierter Form. Die Essenz dessen, worauf es als „State-of-the-Art" in der gegenwärtigen Fachdiskussion oder in der Praxis ankommt. Essentials informieren schnell, unkompliziert und verständlich

- als Einführung in ein aktuelles Thema aus Ihrem Fachgebiet
- als Einstieg in ein für Sie noch unbekanntes Themenfeld
- als Einblick, um zum Thema mitreden zu können.

Die Bücher in elektronischer und gedruckter Form bringen das Expertenwissen von Springer-Fachautoren kompakt zur Darstellung. Sie sind besonders für die Nutzung als eBook auf Tablet-PCs, eBook-Readern und Smartphones geeignet.

Essentials: Wissensbausteine aus Wirtschaft und Gesellschaft, Medizin, Psychologie und Gesundheitsberufen, Technik und Naturwissenschaften. Von renommierten Autoren der Verlagsmarken Springer Gabler, Springer VS, Springer Medizin, Springer Spektrum, Springer Vieweg und Springer Psychologie.

Peter Thilo Hasler

Fußballvereine am Kapitalmarkt

Wie sich der Fußball an der Börse finanziert

Peter Thilo Hasler
München
Deutschland

ISSN 2197-6708 ISSN 2197-6716 (electronic)
essentials
ISBN 978-3-658-08482-0 ISBN 978-3-658-08483-7 (eBook)
DOI 10.1007/978-3-658-08483-7

Die Deutsche Nationalbibliothek verzeichnet diese Publikation in der Deutschen Nationalbibliografie; detaillierte bibliografische Daten sind im Internet über http://dnb.d-nb.de abrufbar.

Springer Gabler

Gedruckt auf säurefreiem und chlorfrei gebleichtem Papier

Springer Fachmedien Wiesbaden ist Teil der Fachverlagsgruppe Springer Science+Business Media (www.springer.com)

Vorwort

Nach wie vor sind die Anteilsscheine der Borussia Dortmund GmbH & Co KG die einzigen börsennotierten Fußballaktien in Deutschland. Vermutlich ist die unbefriedigende Kursentwicklung der BVB-Aktie nach dem Börsengang im Oktober 2001 für diese Alleinstellung verantwortlich. Denn der Kurs der BVB-Aktie zeigte in den ersten acht Jahren im Grunde nur in eine Richtung: nach unten. Dadurch wurden andere, potenziell geeignete Kandidaten von einem Börsengang mit Aktien abgeschreckt. Anleger wiederum mussten erfahren, dass eine treue Fangemeinschaft und die Teilnahme an der Champions League sowie die sich daraus ableitenden ökonomischen Potenziale keine Garantien für eine befriedigende Kursperformance einer Fußballaktie darstellen. Fußball und Aktien – dieses Beziehungspaar scheint für viele nicht so recht zusammenzupassen.

Im Gegensatz dazu spielen Fußballanleihen eine deutlich größere Rolle im Finanzierungsmix der deutschen Bundesligisten. Nicht weniger als 14 klassische Fananleihen von elf verschiedenen Fußballunternehmen sowie eine sogenannte Mittelstandsanleihe wurden bislang an unterschiedlichen Regionalbörsen Deutschlands und am Entry Standard der Frankfurter Wertpapierbörse begeben.

Während sich die Vereine von einem Börsengang – ganz gleich, ob Aktie oder Anleihe – frisches Kapital zur Finanzierung infrastruktureller Maßnahmen (und auch zur Erweiterung des Spielerkaders) erhoffen, sind die Motive der Anleger weniger eindeutig: Eine rein ökonomische Betrachtung, wonach ein Investor eine risikoadjustierte Rendite auf das eingesetzte Kapital erzielen möchte, greift in der Regel zu kurz. Gerade die langfristige, ja lebenslange Bindung eines Fans zu seinem Verein hat zur Folge, dass der Erwerb einer Fußballaktie oder Fananleihe eine ähnliche Stellenordnung einnimmt wie etwa der Stadionbesuch oder der Kauf traditioneller Merchandising-Produkte.[1] Intrinsische Motive des Fan-Daseins

[1] Vgl hierzu Korthals J P (2005) S. 19.

scheinen die Anlageentscheidungen häufig sogar zu dominieren.[2] Dies dokumentiert zum Beispiel der hohe Anteil an Schmuckanleihen, die bei Fananleihen in der Regel ausgegeben werden: Zerschneidet der Anleger den Bogen, um den Zinsschein einzureichen, würde er den optischen Gesamteindruck des Wertpapiers zerstören. Gibt er am Ende der Laufzeit den Mantel zurück, der das Forderungsrecht des Anlegers verbrieft, würde er sogar endgültig auf den Anblick des Wertpapiers verzichten müssen, das womöglich eingerahmt im Wohnzimmer hängt. Daher verzichten Fans meistens nicht nur auf die jährliche Zinszahlung, sondern auch auf die Rückzahlung des Anleihe-Nominalbetrags. Die aus Fan-Motiven geleitete Anlageentscheidung hat damit einen unmittelbaren Einfluss auf die Vermögenssituation des Gläubigers.

Nichtsdestotrotz werden Fußballfans, die eine Fußballanleihe auch unter Renditegesichtspunkten erwerben, ihrem Lieblingsverein Kapital nur dann zur Verfügung stellen, wenn sie dessen Management vertrauen. Nicht umsonst leitet sich Kredit von Vertrauen, lat. credere, ab. Die (Rück-) Gewinnung von Anlegervertrauen ist also immer dann erforderlich, wenn die Finanzierung eines Vereins auf eine breitere Basis gestellt werden soll, wenn also beispielsweise frisches Eigenkapital etwa durch die Ausgabe von Aktien eingeworben oder neue Investoren etwa durch die Platzierung einer Anleihe angesprochen werden sollen. Vertrauen kann jedoch nur durch eine stetige, langfristig ausgerichtete Kommunikation mit den Zielgruppen aufgebaut werden. Kurzfristiger Aktionismus im Vorfeld einer Anleiheplatzierung, etwa in Form von Hochglanzbroschüren oder Anzeigenschaltungen, ist für einen dauerhaften Erfolg an den Kapitalmärkten auf keinen Fall ausreichend.

Der vorliegende Band wurde von meinem Springer Essential „Anleihen von Fußballunternehmen in Deutschland“ inspiriert. Mit der Eigenkapitalfinanzierung im Allgemeinen und dem Börsengang von Borussia Dortmund im Besonderen wurde jedoch ein anderer Schwerpunkt gelegt; zudem wurden die Inhalte der Fremdkapitalfinanzierung überarbeitet und neu strukturiert. Für die Erstellung dieses Bandes bin ich allen Vereinsvertretern, Sportinsidern und Journalisten dankbar, von deren Informationen und Inspirationen ich profitieren durfte, dem Verlag Springer Gabler für die angenehme Zusammenarbeit und die Möglichkeit, an der Buchreihe „Springer Essentials“ teilzunehmen, sowie, last but not least, meiner Frau und meinen Kindern.

München, im Januar 2015 Peter Thilo Hasler

[2] Vgl hierzu Korthals J P (2005) S. 19.

Inhaltsverzeichnis

Die Finanzierung von Fußballunternehmen 1

An der langfristigen Finanzierung von Fußballvereinen, die sich hinsichtlich ihrer Unternehmensgröße und ihres Jahresumsatzes problemlos mit Unternehmen des klassischen Mittelstands vergleichen lassen können und die unabhängig von ihrer Rechtsform nicht nur in den professionellen Ligen durchaus von ökonomischen Zielfunktionen geleitet sind, hat sich in den vergangenen Jahrzehnten nur wenig geändert. Im Vordergrund steht nach wie vor der klassische Hausbankenkredit: Mehr als die Hälfte des Fremdfinanzierungsvolumens im deutschen Lizenzfußball entstammte in der Saison 2012/2013 dieser Quelle – in den letzten Jahren allerdings mit rückläufiger Tendenz.[1]

Für den Bankenkredit spricht insbesondere dessen hohe Flexibilität: Der Verein kann zwischen einer festen oder variablen Nominalverzinsung wählen, er kann die Tilgung des Kredits als Einmalzahlung gegen Laufzeitende (sog. „Bullet Loan"), als Ratentilgung über die Laufzeit oder als Kombination beider Verfahren vereinbaren, er kann Sicherheiten stellen oder quantitative bzw. qualitative Covenants vereinbaren – oder auch nicht, denn die Vertragsgestaltung der beteiligten Parteien basiert auf einer rein privatrechtlichen Basis. Nicht zuletzt aufgrund der starken Stellung von Sparkassen und Landesbanken als öffentlich geförderte Anbieter von Fremdkapital waren alternative Finanzierungsformen für kleine und mittelständische Unternehmen – zu denen auch Fußballvereine zählen – sogar eine verhältnismäßig teure, mithin unnötige Finanzierungsalternative. Als Finanzierungsquelle wurde der hiesige Kapitalmarkt jahrelang nur von wenigen Vereinen in Anspruch

[1] DFL Deutsche Fußball Liga (2014 S. 45).

P. T. Hasler, *Fußballvereine am Kapitalmarkt*, essentials,
DOI 10.1007/978-3-658-08483-7_1

genommen und wenn, dann mit – hält man sich den Börsengang von Borussia Dortmund im Jahr 2000 vor Augen – eher durchwachsenen Erfahrungen.

Allerdings gerät dieser, Jahrzehnte währende Zustand zunehmend ins Wanken. Grund sind die verändernden bankenaufsichtsrechtlichen Eigenkapitalunterlegungsvorschriften für Banken und Sparkassen (Stichwort Basel III), die verschärfte Bonitätsprüfungen mit sich bringen, sowie eine risikodifferenzierte Eigenkapitalunterlegung, die eine kritischere Beurteilung von Unternehmen mit unbefriedigender Erfolgssituation und unzureichender Eigenkapitalausstattung verlangt. Unter diesen Veränderungen leidet insbesondere der klassische Hausbankenkredit, der für Schuldner tendenziell unflexibler und knapper – also teurer – wird.

Ungeachtet dessen sind von Fußballunternehmen große Infrastrukturprojekte wie Leistungszentren und Stadionneu- oder -umbauten zu finanzieren, deren finanzielle Absicherung durch die Innenfinanzierungskraft der Vereine allein meist nicht mehr gelingt. Selbst wenn sich die operative Ertragskraft der Vereine in den vergangenen Jahren deutlich verbessert hat, Vereine in ihrer Gesamtheit regelmäßig Einnahmenüberschüsse erwirtschaftet haben, VIP- und Hospitality-Bereiche die Einnahmensituation stetig verbessern und Medienrechte insbesondere aus dem Pay-TV in den kommenden Jahren weiter überproportional steigen dürften, reichen diese für die Finanzierung von Großprojekten bei weitem nicht aus (Abb. 1.1).

So wird trotz aller Rekordeinnahmen die finanzielle Lage von den meisten Bundesligavereinen als schwierig beschrieben[2]. Hinzu kommt, dass die wirtschaftlichen Erwartungen von Fußballvereinen, die diese im Vorfeld einer Saison aussprechen, regelmäßig enttäuscht werden. Schuld daran ist ein tendenziell optimistischer Grundtenor unter den Fußballmanagern: Auf Sicht von fünf Jahren rechnen aktuell nicht weniger als 85 % der Erst-, Zweit- und Drittligavereine mit steigenden Gesamteinnahmen[3]. Dabei scheint diese Tendenz umso ausgeprägter zu sein, je niedriger die Liga ist, in der ein Verein gerade spielt. Vor dem Hintergrund einer wachsenden Polarisierung des europäischen Profifußballs sehen sich schließlich viele Fußballunternehmen nachgerade gezwungen, alternative Finanzierungsinstrumente auszuloten, die ihnen einen zumindest gleichwertigen Finanzierungsrahmen zur Verfügung stellen wie Bankkredite.

Den Börsengang, häufig als „Königsweg der Unternehmensfinanzierung" bezeichnet, hat hierzulande dennoch erst ein Verein gewählt, Borussia Dortmund im Jahr 2000. Und auch der Einsatz bankalternativer Eigenkapital oder Eigen-Fremdkapitalhybride wie Mezzanine ist im Profifußball nicht üblich, wofür nicht zuletzt die 50 + 1-Regel gem. § 16c Nr. 2 der Satzung des Deutschen Fußballbundes (DFB)

[2] Vgl. z. B. Küting und Strauß (2011).

[3] Vgl. Ernst und Young (2013, S. 14).

1.000 EUR	2008/2009	2009/2010	2010/2011	2011/2012	2012/13
Bundesliga Ertrag					
Spielertrag	363.401	379.285	411.164	440.846	469.336
Werbung	488.770	511.886	522.699	553.175	578.883
Mediale Verwertung	488.538	505.355	519.629	546.186	619.891
Transfer	140.305	106.354	195.498	209.826	155.030
Merchandising	69.910	73.857	79.326	93.813	120.346
Sonstiges	164.241	193.442	213.665	237.676	229.133
Gesamt	**1.715.165**	**1.770.179**	**1.941.981**	**2.081.522**	**2.172.619**
Bundesliga Aufwand					
Personal Spielbetrieb	678.226	750.075	780.853	787.661	847.474
Personal Handel/ Verwaltung	87.106	94.960	93.505	109.826	127.230
Transfer	250.717	283.258	296.116	301.565	290.668
Spielbetrieb	263.588	284.253	301.565	329.663	321.622
Jugend/ Amateure/ Leistungszentrum	55.012	66.183	70.859	76.790	79.295
Sonstiges	349.564	369.313	375.976	426.390	443.658
Gesamt	**1.684.213**	**1.848.042**	**1.918.874**	**2.031.895**	**2.109.947**
Ertrag	**30.952**	**-77.863**	**23.107**	**49.627**	**62.672**

Abb. 1.1 Die wirtschaftliche Lage von Bundesligavereinen. (Quelle: DFL Deutsche Fußball Liga GmbH)

verantwortlich ist, die eine absolute Mehrheit von externen Investoren untersagt und vorschreibt, dass der Mutterverein immer auch der Mehrheitseigentümer der jeweiligen Tochtergesellschaft (z. B. einer Kapitalgesellschaft) sein muss, die zum Spielbetrieb zugelassen ist. Die Einwerbung von Eigenkapital, etwa durch einen Börsengang, kann daher nicht die ausschließliche Finanzierungsform eines Fußballunternehmens sein. Überlagert werden die satzungsbedingten Rahmenbedingungen durch die überwiegend schlechten Kapitalmarkterfahrungen von Borussia Dortmund, woraus gerade grundsätzlich börsenfähige Vereine wie FC Bayern München oder Schalke 04 erhebliche Vorbehalte gegenüber einem Börsengang abgeleitet haben.

Auf der Suche nach bankenunabhängigen Fremdfinanzierungsalternativen ist eine Reihe von Vereinen bei Anleihen fündig geworden. Die Begebung einer Anleihe ist bereits seit Jahrhunderten ein probates Mittel der langfristigen Refinanzierung von Unternehmen. Im Gegensatz zum klassischen Bankkredit sind Anleihen in der Regel unbesichert und weisen mit fünf bis zehn Jahren längere Laufzeiten auf. Auch strengen financial Covenants wie beim Bankkredit muss sich der Emittent eher selten unterwerfen, wohl aber ausgewählten qualitativen Covenants, die das Management in seinem Gestaltungsspielraum indes kaum einschränken. Ähnlich zum Börsengang fließt dem Fußballunternehmen durch die Emission einer Anleihe ein relativ hoher Betrag an Finanzmitteln zu, über den ein Verein in einem vorab fixierten Zeitraum zu festgelegten Konditionen verfügen kann. Besser noch: Im Grunde kann ein Verein die Anleihebedingungen und damit die Voraussetzungen, zu denen er gewillt ist, Fremdkapital aufzunehmen, selbst bestimmen. Da die Anleihegläubiger nicht am Eigenkapital des Vereins beteiligt werden, stehen ihnen auch keine Einflussmöglichkeiten auf die sportliche und operative Entwicklung des Vereins zu, so dass Anleihen auch nicht in Konflikt mit der 50 + 1-Regelung des DFB stehen. Die Tilgung von Anleihen erfolgt meist erst mit Endfälligkeit, während bei Bankkrediten eine Amortisierung während der Laufzeit die Regel ist.

2 Die einzige deutsche Fußballaktie

Unbemerkt von der breiten Öffentlichkeit stand Borussia Dortmund im Juni 2014 in der Relegation. Wie in diesen Fällen üblich wurden keine Einzelheiten des zweifellos dramatischen Kampfes bekannt, doch am Ende standen die beiden Auf- und Absteiger fest: Die Luftfahrtgesellschaft Air Berlin und der Druckmaschinenhersteller KBA mussten den SDAX, das Segment der 50 nach Marktkapitalisierung und Börsenumsatz kleinsten deutschen, in einem Index enthaltenen Unternehmen, verlassen, die Aktien der Baumarktkette Hornbach und von Borussia Dortmund durften dagegen den Aufstieg in ebendiesen feiern und von da an erstmals in der dritten deutschen Aktienliga „mitspielen".

2.1 Fall und Aufstieg eines Börsenkurses

Dieser Aufstieg ist das Ergebnis einer bemerkenswerten Kursrallye der BVB-Aktie zwischen 2010 und 2014: In diesem Zeitraum konnte sich der Aktienkurs von einem Pennystock mehr als versechsfachen, die Marktkapitalisierung, einer der beiden ausschlaggebenden Faktoren für die Aufnahme in einen Auswahlindex der Deutschen Börse, stieg von knapp 52 Mio. € auf rund 320 Mio. € an. Möglich war dieser Kursanstieg allerdings nur, weil die BVB-Aktie in den Jahren zuvor massiv an Wert verloren hatte.

Dabei waren die Voraussetzungen für einen Börsenerfolg der BVB-Aktie auch zu Beginn gut. Als First Mover konnte der Verein von einem Vertrauensbonus der gesamten Bundesliga profitieren, da auch jene Anleger einen Kauf der BVB-Aktie in Erwägung zogen, die sich dem Verein nicht als Fans verbunden sahen. Das Me-

P. T. Hasler, *Fußballvereine am Kapitalmarkt,* essentials,
DOI 10.1007/978-3-658-08483-7_2

dienecho war also groß, als die Aktie der Borussia Dortmund GmbH & Co KG am 31.10.2000 in den General Standard der Frankfurter Wertpapierbörse aufgenommen wurde. Trotzdem stand die Emission von Anfang an unter keinem guten Stern. Obwohl bereits die Zuteilung der Aktien am unteren Ende der Bookbuilding-Bandbreite von 11,00 bis 13,00 € erfolgte, verlor die Aktie gegenüber ihrem Ausgabepreis nicht weniger als 8,6 % und notierte zum Schluss des ersten Handelstages bei 10,05 €. Das Kursfeuerwerk, auf das viele Fußballfans gewartet hatten, blieb aus.

Auch wenn ein Börsengang erst dann als gelungen gilt, wenn sich der Aktienkurs langfristig positiv entwickelt, ist doch der erste Handelstag oftmals von entscheidender Bedeutung für die weitere Kursentwicklung: Denn an diesem Tag gilt dem Börsenneuling die volle Aufmerksamkeit der Investoren und Medien. Ist dann jedoch die Performance schwach, fällen viele Marktteilnehmer schon früh ihr endgültiges – negatives – Urteil über diese Aktie. So auch in diesem Fall, denn es sollte noch schlimmer kommen. Nicht nur, dass der Schlusskurs des ersten Handelstages zugleich der höchste jemals festgestellte Schlusskurs war, nur eine Woche später sah sich der Konsortialführer der Transaktion, die Deutsche Bank, zu ersten Stützungskäufen veranlasst, um einen weiteren Kursrutsch aufzuhalten. Doch auch das führende deutsche Finanzinstitut konnte nicht verhindern, dass sich die Aktie von Borussia Dortmund im ersten Jahr der Börsennotiz auf 5,20 € mehr als halbierte. Im Jahr 2009 wurde die Aktie erstmals als Pennystock geführt: Zwischenzeitlich hatte das „Wert"-papier in weniger als einem Jahrzehnt mehr als 92 % seines Wertes verloren (Abb. 2.1).

Nicht zuletzt aufgrund dieser Kursentwicklung werden Fußballaktien von den meisten Finanzmedien als generell unseriös abgetan; bei den Kapitalmarkt-Professionals dürfte die Verweigerungshaltung sogar ausnahmslos sein. Die Asset-Klasse „Fußballaktie" wird als „Fan-Papier" oder „Zocker-Aktie" eingestuft, die infolge ihrer Unberechenbarkeit nicht nur für den ungeübten Privatanleger als zu risikoreich angesehen wird[1].

Insbesondere wird den Fußballaktien vorgehalten, dass ihre Kursentwicklung mehr vom sportlichen als vom wirtschaftlichen Erfolg des emittierenden Vereins abhängig ist, welcher wiederum nicht zu prognostizieren ist. Dabei sollte es keineswegs ungewöhnlich sein, dass sich das Geschehen auf dem Platz auch in den Börsensälen niederschlägt. Gerade die unerwarteten sportlichen Erfolge, etwa der Gewinn von Meisterschaft und Pokal, oder Misserfolge, etwa das Verfehlen der Qualifikation zur Champions-League oder die Verletzung wichtiger Spieler, schlagen sich in einer statistisch signifikanten Out- oder Underperformance des

[1] Vgl. stellvertretend Jacobi R (2001).

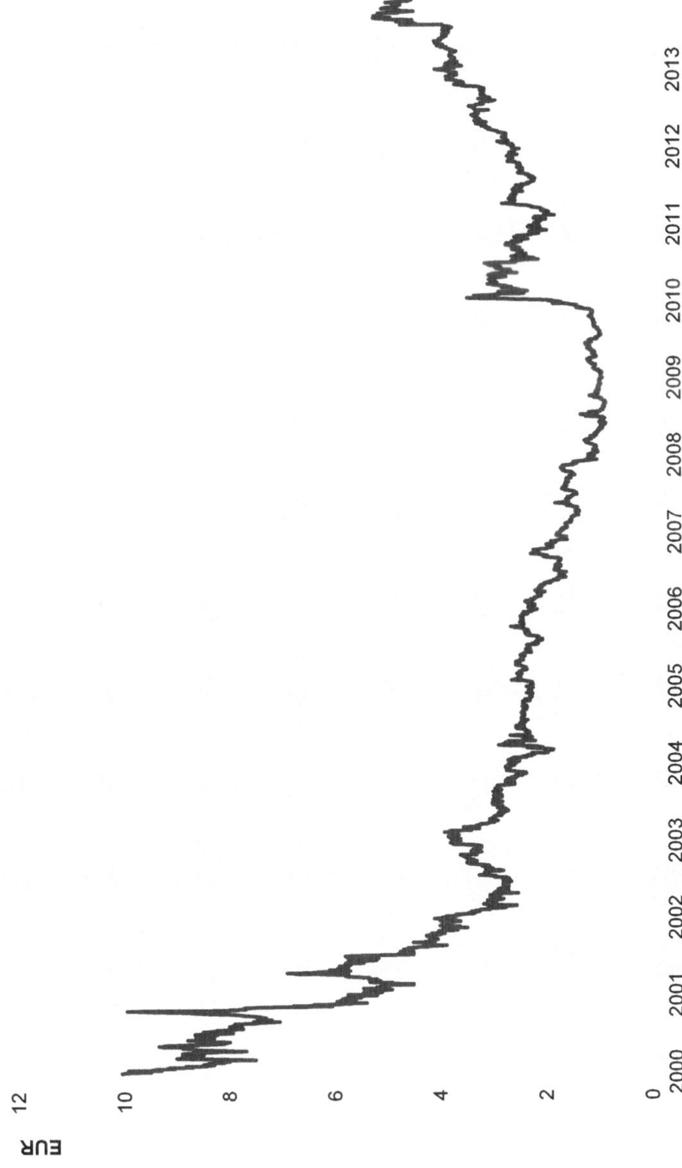

Abb. 2.1 Kursentwicklung der BVB-Aktie vom Börsengang bis 2014 im Vergleich zum DAX. (Quelle: CapitalIQ)

Aktienkurses nieder[2]: Warum auch nicht, denn je schwächer die Leistung auf dem Platz ist, desto niedriger fallen auch die Zuschauerzahlen, TV-, Sponsoring- und Merchandisingeinnahmen und damit die Umsätze und transfererlösbereinigten Erträge aus.

Eine hohe Korrelation zwischen sportlichem und wirtschaftlichem Erfolg, aus der selbst der Investment-Laie Rückschlüsse auf die Entwicklung des Aktienkurses ziehen kann, sollte also gerade nicht zum Nachteil der Börsennotiz gereichen, sondern zu deren Vorteil. Schließlich werden insbesondere die Erhöhung der Informationstransparenz und der Abbau der sogenannten Principal-Agency-Problematik allenthalben gefordert. Dass ein Fußballunternehmen während der Saison Woche für Woche ein kursrelevantes Statement über seine sportlichen Erfolge oder Misserfolge abliefert – und nicht wie klassische Industrieunternehmen bestenfalls quartalsweise (oder in Abhängigkeit des gewählten Transsparenz-Levels unter Umständen sogar nur halbjährlich oder jährlich) – sollte daher als Stärke der Asset-Klasse „Fußballaktie" interpretiert werden, nicht als deren Schwäche.[3]

2.2 Die rechtlichen Rahmenbedingungen eines Börsengangs

Über viele Jahre waren in Deutschland ausnahmslos Clubs in der Rechtsform des eingetragenen Vereins zur Teilnahme am Ligabetrieb berechtigt. Erst im Oktober 1998 haben die Delegierten des 36. Bundestages des Deutschen Fußball-Bundes (DFB) eine Änderung der Statuten gebilligt und auch Kapitalgesellschaften in den Rechtsformen der GmbH (Gesellschaft mit beschränkter Haftung), der KGaA (Kommanditgesellschaft auf Aktien) und der AG (Aktiengesellschaft) die Teilnahme an den beiden deutschen Fußball-Bundesligen erlaubt.

Mit dieser Satzungsänderung ging in Deutschland eine Diskussion zu Ende, die im Mutterland des Fußballs, England, bereits Anfang der 1980er-Jahre geführt worden war. Die englische Football Association (FA) hatte ihren Vereinen seit jeher die Entscheidung über die Wahl der Rechtsform freigestellt und so wurden dort schon 1982 sämtliche Fußballvereine in der Premier League als Kapitalgesellschaften geführt. Doch soweit wollten die Offiziellen des DFB nicht gehen:

[2] Vgl. ausführlich Klimmer I (2003) S. 95 ff.

[3] Unabhängig vom kurzfristigen sportlichen Erfolg, der fraglos erhebliche Kursrelevanz entwickeln kann, ist die Sicherstellung des langfristigen sportlichen Erfolgs im Sinne einer sportlichen Kontinuität ungleich bedeutender für den wirtschaftlichen Erfolg eines Fußballunternehmens. Image und Markenbildung bestimmen ungleich größere Bereiche der Einnahmequellen eines Vereins als durch die aktuelle Ligaposition.

Daher darf von einer Umwandlung des Lizenzspielbereichs – nur dieser ist in den Statuten des DFB überhaupt vorgesehen – in eine Kapitalgesellschaft allein der Profibereich betroffen sein. Der Amateurspielerkader, der Jugend- und der Frauenfußballbereich haben dagegen bei der Muttergesellschaft zu verbleiben. Diese wiederum muss an ihrer Tochter einen Gesellschaftsanteil von mindestens 50 % der Stimmanteile zuzüglich einer Stimme (sogenannte „50 + 1"-Regel) halten. Auf diese Weise soll insbesondere bei börsennotierten Fußballgesellschaften eine feindliche Übernahme durch Finanzinvestoren, Sponsoren, TV-Gesellschaften oder sogar kapitalstarke konkurrierende Vereine verhindert werden.[4]

An der 50 + 1-Regel wird nicht nur kritisiert, dass sie gegen EU-Recht verstoße; schwerwiegender – zumindest für den Fußball-Fan – ist, dass die Bundesliga im internationalen Vergleich zu anderen Profiligen möglicherweise in finanziellen Rückstand geraten könnte, wenn es Finanzinvestoren hierzulande nicht erlaubt wird, sich an einem Fußballunternehmen mehrheitlich zu beteiligen. Vereinzelt werden daher Forderungen laut, die Regelung abzuschaffen, zumal ein Verein auch trotz 50 + 1-Regel in wirtschaftliche Abhängigkeit von einem Sponsor geraten kann: So wird das Kapital von TSG 1899 Hoffenheim zwar zu etwa 96 % von Dietmar Hopp gestellt, sein Stimmrecht ist jedoch auf 49 % begrenzt.

Ausgenommen von der 50 + 1-Regelung sind nur Investoren, die vor dem 1. Januar 1999 seit mehr als 20 Jahren den Fußballsport des Muttervereins ununterbrochen und erheblich gefördert haben. Von dieser als „Lex Leverkusen" bekannten Stichtagsregelung profitierten zunächst nur der Bayer-Konzern, der mit seiner ehemaligen „Werks-Elf" über Jahrzehnte gesellschaftsrechtlich verbunden ist, und der VfL Wolfsburg, bei dem der VW-Konzern und nicht der Verein Mehrheitsgesellschafter der Kapitalgesellschaft ist. Bei beiden Vereinen schien es aus Sicht des DFB unwahrscheinlich, dass die Muttergesellschaften Einfluss auf das operative Geschäft der ausgegliederten Lizenzspielerabteilungen ausüben würden.

Welche der drei Rechtsformen – GmbH, AG oder KGaA – ein Verein letztlich wählt, bleibt diesem überlassen und ist von dessen langfristiger Zielsetzung abhängig: Während AG und GmbH in der Lizenzierungsordnung unzweideutig als Kapitalgesellschaften einzustufen sind, handelt es sich bei der Kommanditgesellschaft auf Aktien steuerrechtlich um eine „Zwitterrechtsform" aus Personen- und Kapitalgesellschaft. Während sich die GmbH in erster Linie zur organisatorischen Einbindung von Sponsoren eignet, kommen AG und KGaA als Publikumsgesellschaften auch für einen Börsengang in Frage.

[4] Dass die Integrität des Sports über alle Zweifel erhaben sein soll ist auch der Grund, weshalb es Schiedsrichtern generell untersagt ist, Aktien von Fußballvereinen zu erwerben. Spieler wiederum dürfen nur Aktien von ihrem jeweiligen Arbeitgeber halten.

Das Management von Borussia Dortmund hat sich für die Rechtsform der GmbH & Co KGaA entschieden. Bei einer KGaA ist das Kapital aufgeteilt in das Komplementärkapital, das von einem oder mehreren persönlich haftenden Gesellschaftern gehalten wird, und dem Kommanditaktienkapital, das von den nur bis zur Höhe ihrer Kapitaleinlagen (dem Nominalwert der Aktien) haftenden Kommanditaktionären gehalten wird. Die zum Börsengang ausgegebenen Aktien stammen ausschließlich aus dem Kommanditaktienkapital. Bei der wenig verbreiteten Unterart der GmbH & Co KGaA können die steuerlichen Vorteile einer Kapitalgesellschaft – der KGaG – genutzt und gleichzeitig die Nachteile der unbegrenzten Haftung des Komplementärs – also des Muttervereins – vermieden werden: Dazu wird zwischen Verein und Kapitalgesellschaft eine Zwischenholding eingezogen, an der der Verein mehrheitlich beteiligt ist. Als GmbH ist diese Zwischenholding eine juristische Person, deren Haftkapital auf das Gesellschaftsvermögens beschränkt ist.

Die persönlich haftenden Gesellschafter einer KGaA leiten das Unternehmen weitgehend autark. Dies gilt auch für die Hauptversammlung: Abgesehen von für den Geschäftsbetrieb außergewöhnlichen Geschäften mit Ausnahmecharakter können alle HV-Beschlüsse von der Zustimmung des persönlich haftenden Gesellschafters – der GmbH – abhängig gemacht werden. Durch diese Ausgestaltung der Stellung des Komplementärs könnte theoretisch sogar die Mehrheit der Kommanditanteile an Dritte übertragen werden, ohne dass der Verein seine dominierende Stellung verlieren würde.

Die Feststellung des Jahresabschlusses einer KGaA obliegt der Hauptversammlung, das heißt den Aktionären, nicht jedoch, wie bei der AG, dem Aufsichtsrat. Dies hat zur Folge, dass die Informationsrechte der Kommanditaktionäre auf der Hauptversammlung wesentlich breiter gefasst sind als bei einer AG. Im Gegenzug ist der Aufsichtsrat einer KGaA im Vergleich zur AG mit geringeren Aufsichtsrechten ausgestattet, da ihm per Gesetz kein Katalog zustimmungspflichtiger Geschäfte eingeräumt wird. Zum Beispiel fehlt dem Aufsichtsrat die Personalkompetenz des § 84 AktG, nach der dieser den Vorstand einstellt, kontrolliert und entlastet. Aufgrund der hohen Komplexität der Rechtsform ist die KGaA bei Anlegern gemeinhin weniger akzeptiert, was zweifelsohne ebenfalls zur schwachen Performance der BVB-Aktie beigetragen haben dürfte.

Neben der Wahl der Rechtsform ist vor dem Börsengang eines Unternehmens die Erstellung und Veröffentlichung eines Wertpapierprospekts verpflichtend.[5] Der Prospekt ist das zentrale rechtliche Dokument einer Wertpapieremission. In diesem sind alle Angaben zum Geschäftsmodell, zu Markt und Wettbewerb, zum Wertpapier selbst und insbesondere zu den mit der Aktie bzw. dem Emittenten verbunde-

[5] § 3 Abs. 1 WpPG.

nen Risiken aufzuführen. Gerade Erstemittenten – zu denen Fußballunternehmen überwiegend zählen – bietet der Wertpapierprospekt eine gute Möglichkeit, den Verein, sein Umfeld und das angebotene Wertpapier am Kapitalmarkt vorzustellen. Ungeachtet dessen besteht für den Verein das zentrale Motiv für seine Erstellung in der zivilrechtlichen Haftungsfreistellung: Hat ein Emittent nämlich alle wesentlichen Angaben umfänglich und richtig im Wertpapierprospekt aufgenommen und insbesondere auf sämtliche Risiken ordnungsgemäß und vollständig hingewiesen, laufen etwaige Schadensersatzansprüche von Zeichnern aus der Prospekthaftung ins Leere.

Bei Börsengängen von Aktien umfasst der Wertpapierprospekt für gewöhnlich zwischen 300 und 500 Seiten. Der Inhalt des Wertpapierprospekts ist gesetzlich vorgeschrieben. Von besonderer Bedeutung sind folgende Themenblöcke:

- die Zusammenfassung des Dokumentes auf den ersten Seiten des Prospekts;
- die strukturierte Darstellung des Emittenten und seiner Organe, des Geschäftsmodells inklusive der strategischen Ausrichtung, den Alleinstellungsmerkmalen und Wettbewerbsstärken inklusive eines Organigramms;
- eine Darstellung der steuerlichen Situation des Heimatlandes des Emittenten;
- die umfängliche Darstellung der Entwicklung der Finanz-, Vermögens- und Ertragslage, wobei die letzten beiden Konzernjahresabschlüsse in testierter Form aufzunehmen sind, die sogenannten F-Pages, die deswegen so heißen, weil sie meist mit einer eigenständigen Nummerierung (beginnend mit F-1) am Ende des Prospekts abgedruckt werden;
- Management Discussion and Analysis (MD&A), also eine Erläuterung der Einwicklung wesentlicher Kennzahlen des Jahresabschlusses durch das Management.

Der Prospekterstellung geht eine intensive Legal Due Diligence voraus, in der die internen und externen Rechtsverhältnisse des emittierenden Unternehmens – zu denen auch eventuelle Verbindungen zu nahestehenden Personen zählen – überprüft werden. Der Prospekt wird abschließend von der Bundesanstalt für Finanzdienstleistungsaufsicht BaFin auf Vollständigkeit, Lesbarkeit und innere Widerspruchsfreiheit – nicht aber auf inhaltliche Richtigkeit – geprüft und gebilligt. Nach der Veröffentlichung des Wertpapierprospekts kann für den Emittenten eine Pflicht zur Veröffentlichung eines Nachtrags zum Prospekt entstehen, insbesondere dann, wenn sich ein neuer, wichtiger Umstand oder eine wesentliche Unrichtigkeit in Bezug auf die im Prospekt enthaltenen Angaben ergeben haben. Derartige Aktualisierungen des Wertpapierprospekts sind auf der Homepage durch separate Nachträge zu veröffentlichen.

2.3 Die Einstufung der Börsenfähigkeit eines Vereins

Neben der Einhaltung der gesetzlichen Rahmenbedingungen ist die Einschätzung der grundsätzlichen Börsenreife eines Fußballunternehmens eine weitere Voraussetzung für einen Börsengang. Voraussetzungen für die Börsenreife sind zum einen die Fähigkeit und die Bereitschaft eines Fußballunternehmens, sämtliche gesetzlichen, organisatorischen und finanziellen Voraussetzungen zu erfüllen, die mit einem Börsengang verbunden sind. Zum andere zählen dazu aber auch Faktoren wie Image, Vertrauen, Marke und Historie, da sie unmittelbaren Einfluss auf den Unternehmenswert haben.

Verschiedene Studien[6] zeigen auf, dass bei der breiten Mehrheit der Bundesligavereine in der wettbewerbsstrategischen Positionierung erhebliche Nachholpotenziale bestehen. Während beispielsweise der FC Bayern München ein Quasi-Alleinstellungsmerkmal für wirtschaftlichen und sportlichen Erfolg einnimmt, in den Augen weniger Wohlgesinnter durchaus aber auch für Arroganz stehen mag, versucht sich Borussia Dortmund über den Slogan „Echte Liebe“ und seine hingebungsvolle Fangemeinde durch Leidenschaft und Sympathie zu definieren. Und auch der selbst ernannte „Kumpel- und Malocher-Club“[7] FC Schalke 04 konnte sich gut positionieren, wenngleich in einer Nische, die für einen Großteil der werbetreibenden Industrie möglicherweise nicht optimal erscheinen mag. Im Gegensatz dazu hätten es

- sogenannte „Amazonen“, also Vereine mit niedrigem Markenpotenzial bei hoher Markenkapitalisierung wie Bayer Leverkusen,
- „Diven“ mit hohem Markenpotenzial und niedriger Markenkapitalisierung wie der Hamburger Sportverein oder Hertha BSC oder gar
- „Mauerblümchen“ mit niedrigem Markenpotenzial und niedriger Markenkapitalisierung, die wirtschaftlich wenig erfolgreich sind und erhebliche Mängel in der Geschäftsstrategie aufweisen,

schwer, sich für den Kapitalmarkt sinnvoll zu positionieren. Dadurch wird die Grundgesamtheit der Börsenkandidaten erheblich eingeschränkt.

Neben der wettbewerbsstrategischen Positionierung eines Fußballunternehmens müssen für einen erfolgreichen Börsengang eine Reihe von weiteren Kriterien einzuhalten. Dazu zählen

[6] Vgl. stellvertretend die etwas ältere Studie von Roland Berger, die aus unserer Sicht auch heute noch Gültigkeit hat: Mohr S/Bohl M (2001).

[7] Vgl.: FC Schalke 04 (2012).

- ein erfahrenes C-Level-Management (Chief Executive Officer CEO, Chief Financial Officer CFO etc.), das von einer kompetenten zweiten Managementebene unterstützt wird,
- transparente Unternehmensstrukturen und ein leistungsfähiges Rechnungswesen bzw. Controlling, und
- eine im Zeitablauf nachhaltig positive Umsatz- und Ertragsentwicklung.

Angesichts des fast existenzgefährdenden Liquiditätsabflusses in den Jahren nach dem Börsengang dürfte es unstrittig sein, dass von Borussia Dortmund in dieser ersten Zeit der Börsennotiz keines der drei genannten Kriterien erfüllt worden war.

Von besonderer Bedeutung für den Erfolg eines Börsengangs ist die Verwendung der eingeworbenen Mittel. Besonders verführerisch, etwa um im nationalen und internationalen Fußball konkurrenzfähig zu bleiben, mag es für die Verantwortlichen sein, einen Teil des Börsenerlöses in die Ablöse neuer Spieler zu investieren. Durch den damit ausgelösten sportlichen Erfolg, so die häufig geäußerte Argumentation, würden sich die Transfer- oder Handgeld-Zahlungen kurz- bis mittelfristig quasi von selbst tragen. Borussia Dortmund prägte in diesem Zusammenhang den Terminus der Investitionen in „Steine und Beine". Jedoch ist der Verpflichtung neuer Spieler aus den über einen Börsengang vereinnahmten Mittel unter dem Gesichtspunkt der Fristenkongruenz der Finanzierung eine klare Absage zu erteilen. Denn das über einen Börsengang eingesammelte Eigenkapital steht dem Verein unendlich lang zur Verfügung, und sollte dementsprechend langfristig eingesetzt werden. Nachgerade ideal ist daher die Finanzierung langfristiger Investitionsprojekte, zum Beispiel der Bau oder die Modernisierung eines Fußballstadions, eines Ausbildungs-, Trainings- oder Leistungszentrums. Ebenfalls erfüllt wird das Gebot der Fristenkongruenz bei Investitionen in die langfristige Sicherung der Spielstärke des Vereins durch den Ausbau der Kinder- und Jugendförderung. Gerade bei den in Deutschland führenden Vereinen wie FC Bayern München, Borussia Dortmund oder Schalke 04 stehen inzwischen zahlreiche Spieler aus der eigenen Talentschmiede in der Startaufstellung.

Die positiven Auswirkungen eines Börsengangs gehen indes weit über die unmittelbaren Finanzierungseffekte hinaus. Da ein Verein durch den IPO Zugang zu weiteren Finanzierungsquellen wie zum Beispiel Wandel- und Optionsanleihen oder Bankkredite erhält, kann ein Börsengang auch ein erster Schritt für eine Verbreiterung des Finanzierungs-Mixes eines Vereins sein. Und auch ein potenzieller Imagegewinn kann als Argument für einen Börsengang herangezogen werden. Dies würde insbesondere für Vereine gelten, die aus Sicht der Anleger a priori nicht die erste Wahl einen Börsengang sind. Als weiterer Grund für einen Börsengang gilt die Zielsetzung einer stärkeren Ein- und Anbindung des Managements.

	EU-regulierter Markt		Börsenregulierter Markt (Open Market)
	Prime Standard	General Standard	Entry Standard
Jahresabschluss	< 4 Monate		< 6 Monate
Halbjahresabschluss	< 2 Monate		< 3 Monate
Quartals- oder Zwischenbericht	< 2 Monate	< 10 Wochen nach Beginn und < 6 Wochen vor Ende des Halbjahres	-
Sprache	Deutsch und englisch		Deutsch oder englisch
Reporting	IFRS		IFRS oder HGB
Analystenveranstaltung (FWB)	1 mal jährlich	-	-
Unternehmenskalender (FWB)	Kontinuierlich Deutsch und englisch	-	Kontinuierlich Deutsch oder englisch
Unternehmenskurzportrait (FWB)	-	-	Kontinuierlich
Insiderverzeichnis	Kontinuierliche Führung		-
Ad hoc-Mitteilungen	Unverzüglich		Quasi ad hoc (30 Min. vorab Versand an Börse)
Directors' Dealings	Director: 5 Werktage Emittent: Unverzüglich		-

Abb. 2.2 Informationspflichten börsennotierter Gesellschaften. (Quelle: Angaben der Börsen, eigene Zusammenstellung)

Obwohl viele Fußballunternehmen sogar mittelständische Strukturen aufweisen, sind sie für qualifizierte Manager möglicherweise nicht interessant, wenn sie ihnen nicht Beteiligungsmöglichkeiten bzw. eine am Aktienkurs des Unternehmens orientierte, leistungsabhängige Vergütung anbieten.

Der Haupteinwand gegen einen Börsengang, der außerhalb des Fußballs insbesondere von kleineren Familienunternehmen regelmäßig genannt wird, nämlich die Schwächung des Einflusses der Altgesellschafter, kann bei Fußballvereinen aufgrund der 50+1-Regel nicht vorgebracht werden. Gegen einen Börsengang sprechen aber die höheren Transparenzanforderungen, die durch zahlreiche Publizitätsvorschriften börsennotierter Gesellschaften über Gesetze oder die allgemeinen Geschäftsbedingungen der jeweiligen Börsen geregelt sind (Abb. 2.2).

2.4 Über die Vermarktung von Fußballaktien

Obwohl die Platzierungsphase im „Leben" einer Aktie nur ein kurzes Zeitfenster einnimmt, hat sie, wie das Beispiel von Borussia Dortmund eindrücklich gezeigt hat, erheblichen Einfluss auf die erfolgreiche Umsetzung des Börsengangs. Während der Platzierungs- und Vermarktungsphase übernehmen Emissionsbanken als Finanzintermediäre entscheidende Aufgaben (wie zum Beispiel die Emissionspreisfindung) und stellen insbesondere Kontakte zu potenziellen Investoren zur Verfügung, indem sie nicht zuletzt mit ihrem eigenen Namen für den Emittenten einstehen und Investoren ansprechen, mit denen sie bereits langjährige Beziehungen aufgebaut und gepflegt haben.

Über diese eher technischen Qualitäten hinaus übernimmt die Emissionsbank je nach Wahl der Platzierungsmethode Einfluss auf die Auswahl und Gewichtung der unterschiedlichen Investorengruppen während des Platzierungsprozesses. In diesem Zusammenhang müssen die Beteiligten entscheiden, inwieweit eine hohe Liquidität durch einen möglichst hohen Anteil trading-orientierter institutioneller Investoren mit größeren Blöcken oder eine möglichst breite Streuung der Investorenbasis zu bevorzugen ist. Auch die Investitionsquote ausländischer Investoren ist situationsabhängig vom Bekanntheitsgrad des Emittenten zu entscheiden, dürfte aber bei der Platzierung von Fußballaktien eher eine Nebenrolle spielen.

Eine breite Streuung der Investorenbasis ist nur durch einen hohen Anteil langfristig orientierter Privatinvestoren zu erreichen. Theoretisch hat ein Fußballunternehmen hierzu die besten Voraussetzungen: Hoher Bekanntheitsgrad und ein wenig erklärungsbedürftiges Geschäftsmodell. Eine echte Aktienkultur konnte sich in Deutschland im Nachgang zu den Erfahrungen am Neuen Markt und insbesondere dem Börsengang der Deutschen Telekom allerdings nicht wirklich herausbilden.

Und so präferieren deutsche Privatinvestoren anstelle von Aktien mehrheitlich Bundeswertpapiere, Pfandbriefe und andere Bankschuldverschreibungen – oder sogar das Sparbuch. Daran hat auch die mit der Finanzkrise einhergehende Niedrigzinsphase wenig geändert.

Institutionelle Investoren, denen im Vergleich zu Privatinvestoren und semiprofessionellen Vermögensverwaltern im Regelfall Geldmittel in ungleich größerem Umfang zur Verfügung stehen, sind im Einklang mit ihrer Größe häufig auf bestimmte Branchen oder Produkte spezialisiert und verfügen über eigene Bewertungs- und Analyseabteilungen. Klassische institutionelle Investoren, die entweder eigene oder Gelder von Kunden professionell verwalten, also Banken und Versicherungen, Pensionskassen, Investmentgesellschaften, Institutionen der öffentlichen Hand, große Multi-Family Offices sowie ausgewählte Vermögensverwaltungen, sind allerdings größtenteils nicht in Fußballaktien investiert.

Die Platzierung von Aktien im Allgemeinen und Fußballaktien im Besonderen erfolgt über das Festpreisverfahren oder das Bookbuilding-Verfahren. Beim Festpreisverfahren einigen sich Emissionsbank und Emittent am „grünen Tisch" und noch vor dem Beginn der Transaktion verbindlich über die Höhe des Unternehmenswertes. Der entscheidende Nachteil dieses Verfahrens liegt damit auf der Hand, denn nicht zuletzt infolge der zunehmenden Volatilität an den Kapitalmärkten kann nicht ausgeschlossen werden, dass sich im Zuge der Platzierung unterschiedliche Preisvorstellungen auf Investoren- und Unternehmensseite bilden, die dann aufgrund der Unverrückbarkeit des Festpreises nicht mehr zusammengeführt werden können. Die platzierenden Banken sind daher zu effizienteren Verfahren zur Preisfindung übergegangen, um Markt- und Investorenerwartungen besser in die Preisfindung einfließen zu lassen. Gängig ist inzwischen das Bookbuilding-Verfahren mit seinem auktionsähnlichen Charakter. Bei diesem, in Deutschland erstmals bei der Emission der SGL Carbon eingesetzten Preisfindungsverfahren werden von den Emissionsbanken im Vorfeld der Zeichnungsphase potenzielle Investoren über deren Zeichnungsbereitschaft befragt. Anhand dieser wird anschließend eine Preisbandbreite festgelegt, innerhalb der Investoren ihre Zeichnungsvorstellungen angeben können.

Auch beim Börsengang von Borussia Dortmund war das Bookbuilding-Verfahren gewählt worden. Die Bandbreite lag zwischen 11,00 € und 13,00 €, was ohne Ausübung der Mehrzuteilungsoption einer erwarteten Marktkapitalisierung zwischen 214,5 Mio. € und 253,5 Mio. € entsprach. Zugeteilt wurden die Aktien schließlich mit 11,00 € am unteren Ende der Bandbreite, der Schlusskurs des ersten Handelstages lag sogar nur bei 10,05 €, was für die damals, von den exorbitanten Zeichnungsgewinnen des Neuen Marktes verwöhnten Investoren eine herbe Enttäuschung darstellte.

Fußballananleihen

3

Fußballanleihen kommen in Deutschland in zwei Ausprägungen vor: Als klassische Fananleihe und als Mittelstandsanleihe.

3.1 Die klassische Fananleihe

Hauptadressaten von Fananleihen sind, wie der Begriff bereits suggeriert, die treuesten Anhänger eines Vereins. Eine gezielte, direkte Ansprache institutioneller Investoren wie Fondsmanager und Kapitalsammelstellen, aber auch von unabhängigen Vermögensverwaltern oder Family Offices, findet bei der Platzierung von Fananleihen nicht statt. Auch Privatinvestoren, die nicht zum erweiterten Fanumfeld zählen, werden im Grunde genommen nicht adressiert. Das platzierbare Anleihevolumen ist damit unmittelbar von der Anzahl und der Zahlungsbereitschaft der Fans abhängig. Die Anzahl der Fans kann durch die Vereinsmitglieder, die durchschnittliche Zahl der Besucher bei Heimspielen und die Zahl der Facebook-Likes (Stand Oktober 2014) approximiert werden.

Bemerkenswert ist, dass von den aus Abb. 3.1 für die Begebung einer Anleihe naheliegenden Vereinen nur vier Vereine – Schalke 04, Hamburger Sportverein, Hertha BSC Berlin und 1) FC Köln – als Emittenten einer Anleihe aufgetreten sind. Für die meisten Vereine gilt dagegen, dass sie zum Zeitpunkt der Emission in der 2. Bundesliga oder sogar der 3. Liga spielten oder nach der Anleihebegebung in eine tiefere Liga abgestiegen sind.

P. T. Hasler, *Fußballvereine am Kapitalmarkt,* essentials,
DOI 10.1007/978-3-658-08483-7_3

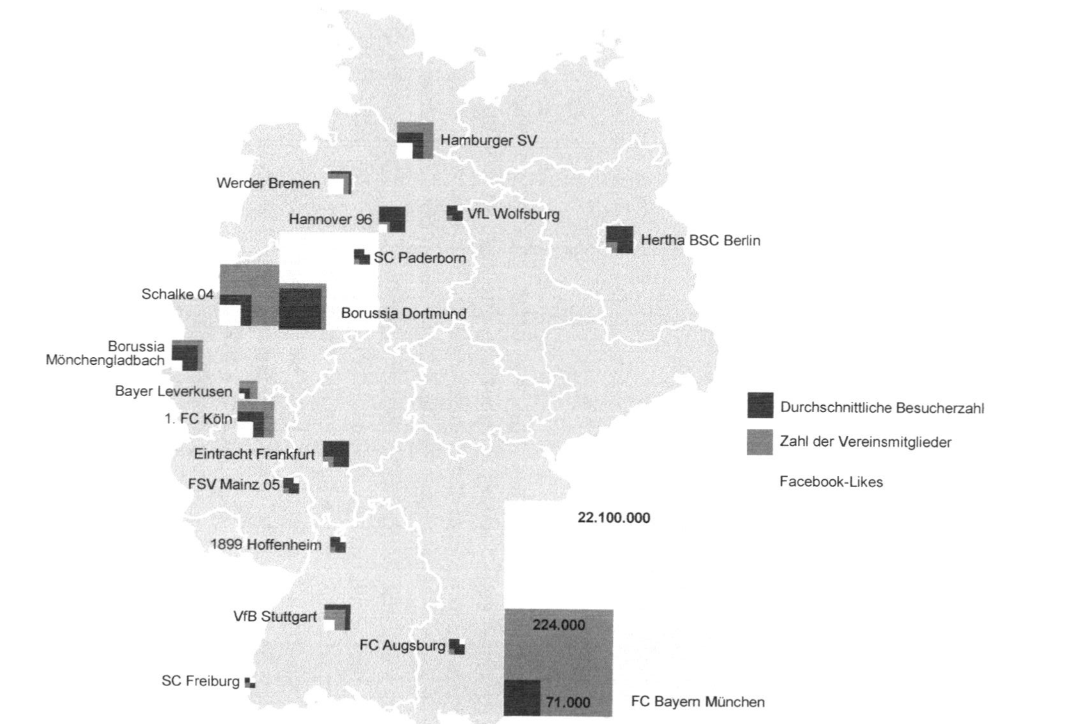

Abb. 3.1 Fan-Basis der Bundesliga (Saison 2014/15). (Quelle: Angaben der Vereine, Facebook, eigene Zusammenstellung)

Bislang wurden 14 klassische Fananleihen von elf verschiedenen Fußballunternehmen emittiert. Vorreiter war im Jahr 2004 die Hertha BSC Berlin KG mbH aA, die letzte Fananleihe wurde 2014 von MSV Duisburg begeben. Drei Vereine, Arminia Bielefeld, Hertha BSC Berlin und der 1. FC Köln haben zwei Fananleihen begeben (Abb. 3.2).

3.1.1 Verzicht auf Börsennotierung

Meist folgte der Emission einer Fananleihe keine Aufnahme einer Börsennotierung. Wurde eine Börsennotierung angestrebt, dann erfolgte die Notierungsaufnahme im unregulierten Kapitalmarkt, dem sogenannten Freiverkehr. Dieser ist – anders als der Regulierte Markt, auf dem beispielsweise Borussia Dortmund mit Aktien notiert ist – privatrechtlich organisiert. Dadurch bietet das Börsensegment den Emittenten die Vorteile einer börslichen Notierung, ohne sie gleichzeitig mit den Anforderungen eines regulierten Marktes zu konfrontieren, insbesondere mit der Einhaltung der zum Teil umfangreichen Zugangsvoraussetzungen und Folgepflichten. Doch obwohl der Freiverkehr nur sehr geringe Ansprüche an den Emittenten stellt, wurden bislang nur die Fananleihen von Hertha BSC (2004) und vom Hamburger SV (2012) in den Börsenhandel aufgenommen. Den Zeichnern aller anderen Fananleihen wurden dagegen vollständig illiquide Assets zugemutet, die sie während der Laufzeit der jeweiligen Wertpapiere nicht verkaufen können.

3.1.2 Verzicht auf Rating

Grundsätzlich ist die Höhe der Verzinsung einer Anleihe von den mit der Anleihe oder dem Emittenten verbundenen Risiken abhängig: Allgemein gesprochen sollte eine Anleihe mit guter Bonität bei gleicher Laufzeit und Ausstattung eine niedrigere Effektivverzinsung aufweisen als eine Anleihe mit einer schlechteren Bonität. Allerdings sind die meisten Investoren für die systematische Einschätzung der Risiken eines Wertpapiers nicht in der Lage, sondern greifen auf die Arbeit von Ratingagenturen zurück. Die zentrale Aufgabe des ca. sechswöchigen Ratingprozesses ist es, eine standardisierte und möglichst objektive Aussage über die zukünftige Fähigkeit und rechtliche Verpflichtung des bewerteten Unternehmens zur termingerechten und vollständigen Erfüllung aller vertragsmäßigen Pflichten, insbesondere also der Zins- und Tilgungszahlungen, zu treffen, um damit die langfristige Bestandssicherheit des Unternehmens zu beurteilen. Hierzu erstellen Ratingagenturen ihre Ratings üblicherweise anhand von standardisierten Top-Down-Ana-

Verein	Liga zum Zeitpunkt der Emission	Emissionsjahr	Laufzeit (Jahre)
Hertha BSC Berlin	1. Bundesliga	2004	6
1. FC Köln	1. Bundesliga	2005	6
Arminia Bielefeld	1. Bundesliga	2006	5
Alemannia Aachen	2. Bundesliga	2008	5
1860 München	2. Bundesliga	2010	5
Hertha BSC Berlin	1. Bundesliga	2010	6
Schalke 04	1. Bundesliga	2010	6
1. FC Nürnberg	1. Bundesliga	2010	6
FC St. Pauli	2. Bundesliga	2011	7
Arminia Bielefeld	3. Liga	2011	5
Hansa Rostock	2. Bundesliga	2011	6
Hamburger Sport-Verein	1. Bundesliga	2012	7
1. FC Köln	2. Bundesliga	2012	5
MSV Duisburg	3. Liga	2013	5

Abb. 3.2 Fananleihen im Überblick. (Quelle: Angabe der Vereine, eigene Angaben)

lysen, in denen die Bewertung eines Emittenten – in dieser Reihenfolge – auf einer Länder-, Branchen- und Unternehmensanalyse basiert. Auf allen drei Ebenen kommen sowohl qualitativ-subjektive als auch statistisch-quantitative Merkmale zum Einsatz, wobei die Bedeutung letzterer für das Gesamtrating überwiegen dürfte.

Die größten und bekanntesten Ratingagenturen sind die drei US-amerikanischen Ratingagenturen Standard & Poor's (gegründet 1916), eine Tochter des Medienkonzerns McGraw-Hill, die börsennotierte Moody's (gegründet 1909) und Fitch Ratings (gegründet 1924), Tochter des französischen Finanzdienstleisters Fimalac-Holding sowie der Hearst Corporation. Zusammen kommen sie auf etwa 95 % Weltmarktanteil aller erstellten Unternehmens- und Anleihe-Ratings. Alle drei Agenturen können auf umfangreiche Datenbanken und ein internationales Netzwerk zurückgreifen, so dass ihr Urteil bei den institutionellen Investoren von erheblichem Gewicht ist.

Ratings werden durch ein verständliches Buchstaben- bzw. Zahlensymbol operationalisiert und gegebenenfalls zur weiteren Differenzierung mit einem Tendenzzeichen versehen: Bei Standard & Poor's wird der Buchstabencode mit einem Plus- oder Minuszeichen ergänzt, bei Moody's durch den Zahlenzusatz 1, 2 oder 3. Nur die höchste und die beiden niedrigsten Ratingkategorien werden ohne eine solche Tendenz angegeben. Darüber hinaus versehen die Ratingagenturen ihre Bewertung mit einem positiven, stabilen oder negativen Ausblick, um einen Hinweis darauf zu geben, in welche Richtung sich das Rating beim nächsten Update verändern könnte.

Die Buchstabensymbole lassen sich grundsätzlich in zwei Gruppen zusammenfassen:

- Anleihen der höchsten vier Kategorien, also mit einem Rating von nicht schlechter als BBB- bzw. Baa3, werden als Investment- oder High-Grade bezeichnet. Unternehmen oder Staaten mit dieser Note wird eine zumindest angemessene Deckung von Zins und Tilgung attestiert. Die Ratingagenturen gehen also davon aus, dass diese Emittenten über ein ausreichendes Liquiditätspolster verfügen und selbst dann noch ihren Verpflichtungen nachkommen können, wenn sich die Einnahmensituation etwa im Fall eines Abstiegs verschlechtern sollte. Zwar bedeutet ein AAA-Rating nicht, dass ein Emittent nicht ausfallen – also insolvent werden – kann, die Wahrscheinlichkeit dazu wird indes bei einer AAA-Anleihe (theoretisch) geringer eingeschätzt als bei einer mit AA oder niedriger gerateten Anleihe.
- Anleihen der untersten fünf Kategorien, also mit einem Rating schlechter als BBB- oder Baa3, werden als Sub-Investment-Grade-, Speculative-Grade- oder High-Yield-Anleihen, seltener auch als Junk Bonds, wörtlich Schrottanleihen,

bezeichnet. Sie sind durch ein höheres Ausfallrisiko gekennzeichnet, da die Emittenten zwar Annahme gemäß die ausstehenden Kredite bzw. Anleihen verzinsen und zurückzahlen können, jedoch nur, wenn sich die Konjunktur nicht nachhaltig und nennenswert verschlechtert. Je nach Bonität können Änderungen im Umfeld des Emittenten finanzielle Probleme auslösen, die Zins- oder Tilgungszahlungen erschweren können. Im Extremfall kann der Emittent ausstehende Verbindlichkeiten nur dann bedienen, wenn er Anschlusskredite erhält – womit er bei strenger Auslegung bereits überschuldet ist (Abb. 3.3).

Die Buchstabenfolgen sind Symbole einer gemeinsamen Marktsprache, die weltweit akzeptiert und gesprochen wird. Anhand des Ratings kann das Risiko einer Anleihe schnell und einigermaßen zuverlässig überprüft werden. So geben die Ratingsymbole zunächst eine eindimensionale und ordinale Reihenfolge an, mit der die Bonität der gerateten Anleihen gemessen wird. Für den Anleger erhält das Rating seine Bedeutung aus dem Zusammenhang zwischen Ratingnote und Ausfallquote bzw. Ausfallwahrscheinlichkeit, auch probability of default oder kurz PD genannt. Allerdings bleibt das Niveau der Ausfallwahrscheinlichkeiten im Zeitablauf nicht konstant, sondern schwankt. Der Anleger kann sich also nicht darauf verlassen, dass die aktuelle Ausfallwahrscheinlichkeit einer Anleihe im Zeitablauf stabil bleibt. Entscheidend für die Qualität einer Ratingagentur ist daher, dass schlechtere Noten einer Ratingagentur tendenziell höhere Ausfallraten aufweisen als bessere. Die Stärke dieses Zusammenhangs kann nur durch eine Analyse der historischen Ausfallwahrscheinlichkeiten ermittelt werden.

In der nachstehenden Tabelle werden die von Standard & Poor's ermittelten Ausfallwahrscheinlichkeiten jeder Rating-Stufe dargestellt. Abzulesen ist der zeitliche Verlauf der Ausfälle von Unternehmen, die mit einem bestimmten Rating gestartet sind. Ein Unternehmen, das eine Anleihe mit einem anfänglichen Rating von BBB platzieren konnte, ist nach fünf Jahren mit einer Wahrscheinlichkeit von 2,43 % ausgefallen. Mit anderen Worten: Die statistische Wahrscheinlichkeit, dass eine Anleihe mit einem Rating von BBB nach fünf Jahren nicht ausgefallen ist, liegt bei 100−2,43 %=97,57 % (Abb. 3.4).

Bei deutschen Fußballanleihen sind die globalen Ratingagenturen bislang nicht in Erscheinung getreten, was insbesondere daran liegt, dass es ihnen an geeigneten Benchmark-Größen für das Rating mittelständischer Unternehmen fehlt. Aber auch die ansonsten für die Einwertung von kleineren Unternehmensanleihen tätigen deutschen Ratingagenturen wie Creditreform Rating AG aus Neuss, die Euler Hermes Rating GmbH aus Hamburg und die Scope Holding GmbH aus Berlin[1]

[1] Die vollständige Liste aller in Europa registrierten Ratingagenturen findet man auf den Internetseiten der European Securities and Markets Authority (ESMA) unter www.esma.europa.eu.

	Ratingagenturen und Ratingklassen						Bonitätseinstufung / Klassenbeschreibung
	Moody's	S&P	Fitch	Credit-reform	Euler Hermes	Scope	
Investment Grade	Aaa	AAA					▪ Sehr gut, höchste Bonität ▪ Praktisch kein Ausfallrisiko
	Aa1	AA+					▪ Sehr gute bis gute Bonität ▪ Hohe Zahlungswahrscheinlichkeit
	Aa2	AA					
	Aa3	AA-					
	A1	A+					▪ Gute bis befriedigende Bonität ▪ Angemessene Deckung von Zins und Tilgung ▪ Viele gute Investmentattribute, aber auch Elemente, die sich bei Veränderung der wirtschaftlichen Lage negativ auswirken können
	A2	A					
	A3	A-					
	Baa1	BBB+					▪ Befriedigende Bonität ▪ Angemessene Deckung von Zins und Tilgung ▪ Spekulative Charakteristika oder mangelnder Schutz gegen wirtschaftliche Veränderungen
	Baa2	BBB					
	Baa3	BBB-					
Speculative Grade	Ba1	BB+					▪ Ausreichende Bonität ▪ Sehr mäßige Deckung von Zins und Tilgung, auch in gutem wirtschaftlichen Umfeld
	Ba2	BB					
	Ba3	BB-					
	B1	B+					▪ Mangelhafte Bonität ▪ Geringe Sicherung von Zins und Tilgung
	B2	B					
	B3	B-					
	Caa1	CCC+			CCC		▪ Ungenügende Bonität ▪ Niedrigste Qualität, geringster Anlegerschutz ▪ Akute Gefahr eines Zahlungsverzugs
	Caa2	CCC			CC		
	Caa3	CCC-			C		
	Ca	CC			D		▪ Default, Insolvenz des Emittenten
	C						▪ Default
		D	RD				▪ Restricted Default (ohne Insolvenzverfahren) bzw. Default
			D				▪ Default (mit Insolvenzverfahren bzw. Geschäftsaufgabe)

Abb. 3.3 Ratingnoten und ihre Bedeutung. (Quelle: Ratingagenturen, eigene Zusammenfassung)

Jahre	1	2	3	4	5	6	7	8	9	10
AAA	0,00	0,03	0,14	0,26	0,38	0,50	0,56	0,66	0,72	0,79
BBB	0,25	0,70	1,19	1,80	2,43	3,05	3,59	4,14	4,68	5,22
CCC	27,39	36,79	47,12	45,21	47,64	48,72	49,72	50,61	51,88	52,88

Abb. 3.4 Globale durchschnittliche kumulierte Ausfallwahrscheinlichkeiten 1981–2010. (Quelle: Standard & Poor's (2013))

wurden bislang bei der Einschätzung von Fananleihen nicht eingeschaltet. Damit wird einer der zentralen Faktoren einer Kapitalanlage, das Risiko, nicht von einer unabhängigen Instanz bewertet. Stattdessen liegt es am Investor selbst, eine Risikoeinschätzung der Fananleihe durchzuführen. Dies ist in der Praxis dem einzelnen Anleger weder möglich noch zumutbar. Nur die wenigsten privaten Kleinanleger, Vermögensverwalter oder institutionellen, professionellen Fondsmanager verfügen über das fachliche Know-how und die Ressourcen, um anhand von Wertpapierprospekten und der öffentlich verfügbaren Informationen eine Risikoklassifizierung des Emittenten vorzunehmen und damit ein Urteil über die zu fordernden Effektivverzinsung abzugeben. Der Fan muss also darauf vertrauen, dass die ihm angebotene Verzinsung in Einklang mit dem Zins- und Tilgungsrisiko steht.

3.1.3 Verzicht auf Covenants

Covenants, auf Deutsch etwa Kreditvereinbarungsklauseln, sind Bestimmungen in den Anleiheverträgen, die die Interessen der Investoren schützen und den Anlegern zusätzliche Sicherheiten gewähren sollen. Grundsätzlich sollen sie beim Schuldner ein Verhalten erwirken, das im Sinne des Gläubigers ist. Juristisch handelt es sich bei Covenants um vertraglich vereinbarte Verhaltenspflichten, deren Nichteinhaltung einen Vertragsverstoß darstellt und den Gläubiger der Anleihe zur Kündigung des Kreditvertrages berechtigt.

Grundsätzlich sollten Covenants so festgelegt werden, dass Gläubiger im Fall ihrer Verletzung frühzeitig eine drohende Liquiditätskrise erkennen und entsprechende Gegenmaßnahmen einleiten können. Daneben können Covenants Emittenten in ein Verhaltenskorsett schnüren, das bestimme Handlungen untersagt, welche die Zinszahlungen oder Kredittilgung gefährden. Insofern sind Covenants ein Glaubwürdigkeitssignal des Managements, sich stets im Sinne der Anleihegläubiger zu verhalten. Kein Wunder also, dass die Bedeutung von Covenants auf die Platzierung von High-Yield-Bonds oder von Mittelstandsanleihen nach der jüngsten Finanzmarktkrise deutlich zugenommen hat. Häufig kann erst durch die Gewährung von Covenants die Grundlage für eine positive Investitionsentscheidung gelegt werden.

Inhaltlich unterliegen Covenants ausschließlich der Schuldner-Gläubiger-Beziehung und können damit in einer Privatwirtschaft frei gestaltet werden. Trotzdem hat sich in der Kapitalmarktpraxis eine Garnitur typischer Covenants herausgebildet, die für die Beurteilung einer Anleihe von besonderer Bedeutung sind. Sie lassen sich unterscheiden in (Abb. 3.5)

Covenants			
Non-Financial oder General Covenants			Financial Covenants
Affirmative Covenants	Negative Covenants	Informative Covenants	
Einholung von Genehmigungen	Besicherungen	Jahresabschluss	Eigenkapital
Rechnungslegungs-vorschriften	Bürgschaften	Quartals- oder Zwischenberichte	Finanzverbindlichkeiten
Einhaltung von Versicherungspflichten	Ausschüttungen	Einhaltung der (Quasi-) Ad hoc-Pflicht	Ertragsentwicklung
Organschaftserklärungen	Mehrheit der Stimmrechte	Veröffentlichung von Ratings	Liquiditätslage
Einhaltung von Betriebsgenehmigungen	Verkauf von Unternehmensteilen	Pflege des Unternehmenskalenders	Cashflow

Abb. 3.5 Überblick über Covenants. (Quelle: Eigene Zusammenstellung)

- affirmative oder positive Covenants (Handlungspflichten), die Schuldner zur Einhaltung bestimmter Zielvorgaben verpflichten,
- negative Covenants oder Unterlassungspflichten, die Schuldner dazu anhalten, bestimmte unternehmerische Entscheidungen zu unterlassen,
- informative Covenants (Information Undertakings), die Schuldner zur Einhaltung bestimmter Informationspflichten auffordern, und
- financial Covenants, die den Schuldner zur Einhaltung bestimmter betriebswirtschaftlicher Kennzahlen verpflichten.

Tendenziell sollten Covenants bei Fußballanleihen sogar eine größere Bedeutung haben, da diese meist nicht über ein Bankenkonsortium (also als Fremdemission) begeben werden, sondern als Eigenemission. Damit wird auf ein wesentliches Element einer Fremdemission verzichtet, denn neben der Strukturierung der Anleihe und der Bereitstellung von Kundenkontakten bietet das Bankenkonsortium auch eine Reputationsleihe: Versäumt es nämlich das Bankensyndikat, grundlegende Risiken eines Emittenten zu identifizieren, die im Extremfall bis zu einem Ausfall der Anleihe führen können, nehmen die in der Regel langfristig ausgelegten Geschäftsbeziehungen der Konsortialbanken zu ihren institutionellen Anlegern schweren Schaden. Effektive Covenants bei Fußballanleihen wären daher eine sinnvolle Alternative, die fehlende Reputationsleihe einer Eigenemission zu kompensieren.

Dennoch und ungeachtet ihrer Bedeutung sind Covenants, die in den Bedingungen von High Yield-Anleihen akzeptierter Standard sind, bislang nicht in die juristische Dokumentation von Fananleihen eingegangen. Dies dürfte der Hauptgrund dafür sein, dass gegenwärtig nur wenige institutionelle Investoren in Fananleihen investiert sind. Die offensichtliche Verweigerung der Fußballmanager ist umso unverständlicher, als die Aufnahme effektiver Covenants in die Anleihedokumentation für alle Parteien eine Win-Win-Situation darstellt: Denn Covenants stärken das Vertrauen der institutionellen Investoren und reduzieren zugleich den vom Fußballunternehmen geforderten Bonitätsaufschlag. Dieser Zusammenhang wird durch zahlreiche empirische Untersuchungen gestützt, die einen negativen Zusammenhang zwischen dem Umfang an gewährten Covenants und dem Bonitätsaufschlag nachweisen. Verweigert ein Emittent dagegen die Gewährung bestimmter Covenants, sendet er bereits im Vorfeld einer Emission deutliche Signale an seine Investoren – die allerdings richtig zu interpretieren sind: Lehnt der Emittent zum Beispiel einen Covenant zum Verschuldungsgrad ab, so ist zu befürchten, dass der Emittent diesen in der Folgezeit nachhaltig erhöhen wird. Um dieses Risiko zu kompensieren, werden Anleger einen höheren Bonitätsaufschlag fordern als wenn in den Anleihebedingungen Verschuldungsobergrenzen vorgesehen sind.

Im Extremfall einer vollumfänglichen Covenants-Verweigerung könnten sich Investoren letztlich sogar außer Stande sehen, die zusätzlichen Risiken verlässlich einzuschätzen, was die Platzierung der Anleihe erschweren oder unmöglich machen würde. Dass genau dies der Fall bei Fußballvereinen ist, wird in folgendem Kapitel gezeigt.

3.1.4 Verzicht auf Bankenunterstützung

Da es sich bei Vereinen nicht um Daueremittenten handelt, kann es zunächst schwierig sein, den Emittenten und die Bedingungen der Anleihe einer breiten Öffentlichkeit nahe zu bringen. Damit es einem Emittenten überhaupt gelingt, eine ausreichende Anzahl von interessierten Anlegern zu finden, sind eine gewisse Bekanntheit des Unternehmens (der bei einem Verein zweifelsohne gegeben ist) sowie genügend potenzielle Investorenkontakte (die möglicherweise durch die langjährige Fanarbeit aufgebaut wurden) gefordert. Dies sind jedoch nur die Hygienefaktoren einer Eigenemission, bei der das Fußballunternehmen nicht nur das Platzierungsrisiko, sondern auch eine Reihe von weiteren Aufgaben und Entscheidungen während der Platzierung einer Anleihe übernehmen muss. Bei einem Alleingang verzichten sie überdies auf die externen Kompetenzen in Bezug auf die Ausgestaltung der Anleihe, die Erkundung der Absatzchancen und die Gewinnung von Investoren.

Werden Anleihen ohne Unterstützung von Banken als Fremdemission platziert, unterbleibt insbesondere das sogenannte Pre-Sounding. Während dieser etwa zweiwöchigen Phase im Vorfeld einer Emission wird durch Befragung von Investoren deren Bereitschaft ermittelt, zu welchen Bedingungen sie die Anleihe zeichnen würden. Durch die Auswertung der Ergebnisse wird ein fairer Interessensausgleich zwischen Investoren und Emittenten sichergestellt. Unterlässt ein Emittent das Pre-Sounding – so wie dies bei einer Eigenemission in Ermangelung von Investorenkontakten regelmäßig der Fall ist – müssen im Alleingang Nominalverzinsung, Laufzeit, Covenants oder Besicherungskonzepte festgesetzt werden. Dass dies den Vereinsverantwortlichen gewissermaßen am „grünen Tisch" nicht ebenso gut gelingen kann wie einem professionellen Debt Capital Markets-Team einer womöglich global vernetzten Bank liegt auf der Hand. Dabei kann die nicht marktgerechte Festlegung des Kupon drastische Folgen haben: Wird nämlich der Kupon zu hoch festgelegt, führt dies in den Folgejahren zu unnötigen Zinsaufwendungen, ist er zu niedrig, wird der Platzierungserfolg der Anleihe gefährdet. Letzteres ist bei Fußballanleihen keine Ausnahme: Nicht weniger als die Hälfte der bislang platzierten Fananleihen konnte nicht vollständig platziert werden. (Abb. 3.6)

Verein	Prospektiertes Volumen (Mio. EUR)	Gezeichnetes Volumen (Mio. EUR)	Platzierungsquote (%)
Hertha BSC Berlin	6,0	4,5	75%
1. FC Köln	5,0	5,0	100%
Arminia Bielefeld	3,0	3,0	100%
Alemannia Aachen	5,0	4,2	84%
1860 München	9,0	0,7	7%
Hertha BSC Berlin	6,0	3,5	58%
Schalke 04	11,0	11,0	100%
1. FC Nürnberg	6,0	6,0	100%
FC St. Pauli	8,0	8,0	100%
Arminia Bielefeld	3,0	2,0	67%
Hansa Rostock	5,0	0,3	6%
Hamburger Sport-Verein	12,5	12,5	100%
1. FC Köln	10,0	10,0	100%
MSV Duisburg	5,0	0,5	10%

Abb. 3.6 Platzierungsergebnisse von Fananleihen (Quelle: Angaben der Vereine, eigene Angaben)

Anleihen an den Belangen der Kapitalmarktteilnehmer „vorbeizupreisen“ und diese als spezielle Fanartikel zu positionieren, erhöht die Wahrscheinlichkeit, dass eine Emission floppt. In Einzelfällen kann dies durchaus groteske Ausmaße annehmen: So konnten Hansa Rostock und TSV 1860 München nur geschätzte 6 % bzw. 8 % des prospektierten Emissionsvolumens platzieren. Da in den meisten Fällen eine Fehleranalyse unterbleibt und im Gegenteil sogar der Misserfolg von den Vereinen als „Meilenstein der Vereinsgeschichte“ verbucht wird[2], bleibt unklar, inwieweit allein eine möglicherweise marktferne Nominalverzinsung für die schwache Platzierung verantwortlich zu machen ist oder ob auch eine unterdurchschnittliche Kapital- und Ertragslage des Vereins zum Zeitpunkt der Emission, ein schwaches sportliches Abschneiden oder eine rückläufige Anzahl registrierter Mitglieder den Misserfolg mit herbeigeführt haben. Auch die aktuelle Ligazugehörigkeit könnte für den Platzierungserfolg relevant sein. In jedem Fall hat die unvollständige Platzierung einer Anleihe negative Auswirkungen auf die Reputation des Emittenten, was sich langfristig auch in rückläufigen wirtschaftlichen Ergebnissen niederschlagen kann.

3.1.5 Zeichnung und technische Abwicklung von Fananleihen

Im Regelfall werden Fananleihen über öffentliche Medien wie Zeitungen und Fachzeitschriften (u. a. 11 Freunde, Kicker), über die Homepage des Vereins, durch Fanshops, die Geschäftsstelle, das (lokale) Fernsehen und gegebenenfalls über Sonderveranstaltungen („Meet & Greet“ mit den Spielern) beworben und vermarktet. Eine klassische Finanzkommunikation, etwa über die üblichen Finanzmedien wie Handelsblatt, Börsenzeitung und F.A.Z. oder auch über spezifische Anleiheportale wie www.anleihen-finder.de, www.fixed-Income.org oder www.bondguide.de fällt dagegen aufgrund hoher Streuverluste und des fehlenden überregionalen Interesses aus.

Die technische Abwicklung der stets spesenfreien Zeichnung erfolgt meist auf zwei Wegen: Zum einen können Anleger über das Online-Portal des Vereins die für eine Zeichnung notwendige Dokumentation, im Wesentlichen also Zeichnungsantrag und Zeichnungsschein, Wertpapierprospekt, Geschäftsberichte oder Imagebroschüre herunterladen, ausfüllen und an den Verein oder einen spezialisierten Intermediär faxen. Zum anderen werden häufig auch lokal ansässige Geschäfts-

[2] So erklärte das Management von Schalke 04, als nach Ablauf der Zeichnungsfrist nur 70 % des avisierten Platzierungsvolumens eingeworben werden konnten, dass es sich bei der Mittelstandsanleihe immerhin um den höchsten, jemals erzielten Emissionserlös einer Anleihe eines deutschen Fußballclubs handelte.

banken und Sparkassen für die Platzierung der Anleihe mandatiert. Jedoch übernehmen diese meist nur einen passiven Part in der Platzierung, der sich darauf beschränkt, die relevanten Zeichnungsdokumente in den jeweiligen Geschäftsstellen der Kreditinstitute auszulegen.

Sämtliche beim Verein eingehenden Zeichnungsscheine müssen anschließend gesammelt und in einer Art „Orderbuch" eingestellt werden. Im eher seltenen Fall einer Überzeichnung hat der Verein zu gewährleisten, dass dieses Orderbuch den Anleihebedingungen entsprechend auf die Interessenten zugeteilt wird. Für die technische Infrastruktur und die Abwicklung der Zeichnungen wird üblicherweise ebenfalls ein Spezialist, in der Regel eine Zahl- und Hinterlegungsstelle, engagiert. Dieser betreut den Emittenten bei der wertpapiertechnischen Abwicklung der Emission, also bei der Abwicklung des Zeichnungsprozesses und der für die Inhaber der Fananleihe gebührenfreie (halb)jährliche Auszahlung der Zinsen (Bruttobetrag abzüglich der Kapitalertragssteuer und des Solidaritätszuschlags auf die Kapitalertragssteuer) gegen Einreichung der aufgerufenen Zinskupons sowie bei der Rückzahlung der jeweiligen Anleihe zum Zeitpunkt der Fälligkeit (Tilgung).

Der Zeitrahmen, der für die Zeichnung einer Fananleihe veranschlagt werden muss, ist bei einer Eigenemission deutlich länger als bei einer klassischen Fremdemission, bei der ein Bankenkonsortium für die Platzierung der Anleihe verantwortlich zeichnet. In der Regel wird die vierzehntägige stückzinsfreie Zeichnungsfrist deutlich überschritten, nicht selten sogar die für ein öffentliches Angebot von Wertpapieren vorgesehene maximale Angebotsfrist von zwölf Monaten ab dem Zeitpunkt der BaFin-Billigung vollständig ausgeschöpft. Und auch dann ist die Vollplatzierung der Anleihe nicht immer gewährleistet.

3.1.6 Ausgabe von Schmuckanleihen

Eine weitere Besonderheit Fananleihen besteht darin, dass sie mit der Ausgabe effektiver Stücke, sog. Schmuckanleihen kombiniert wird. Anders als der Begriff suggeriert handelt es sich bei Schmuckanleihen nicht um eine Kapitalanlage in Perlen oder Edelsteinen, sondern um ein hochwertig gedrucktes und aufwendig künstlerisch gestaltetes Wertpapier. In angelsächsischen Ländern sind Schmuckanleihen deshalb auch als „Ornamental Loan" oder „Artwork Bond" bekannt (Abb. 3.7).

Schmuckanleihen weisen in der Regel niedrige Nominalwerte von 100 bis 1000 € auf; ihre Nominalwerte können sich aber auch an wichtigen Jahreszahlen des Vereins orientieren. Besonders beliebt sind Schmuckanleihen mit einem Nennwert, der das Gründungsjahr des Vereins oder andere bedeutende Jahreszahlen repräsentiert. Häufig begeben die Vereinen verschiedene Nennwerte mit unterschied-

Abb. 3.7 Beispiele für Schmuckanleihen. (Quelle: Vereinsangaben)

lichen Motiven, so dass Fans nicht nur eine Schmuckanleihe erwerben, sondern gleich einen kompletten Satz. In jedem Fall zählt der Emittent einer Schmuckanleihe darauf, dass diese zum Ende der Laufzeit nicht eingelöst wird, sondern als Sammlerstück über den Fälligkeitstag hinaus aufbewahrt wird[3]. Dies gilt häufig auch für die angehängten Zinsscheine, die „echte Fans" niemals von ihrer Anleihe abschneiden würden. In diesem Fall erhält der Emittent nicht nur den Emissionserlös quasi geschenkt, sondern muss noch nicht einmal die fälligen Zinsen zahlen (Abb. 3.8).

3.2 Die Mittelstandsanleihe von Schalke 04

Ähnlich den Fananleihen beinhalten auch Mittelstandsanleihen die Verpflichtung des Vereins (also des Emittenten), einen ihm zuvor von den Anlegern der Schuldverschreibung zur Verfügung gestellten Betrag während einer zuvor vereinbarten Zeitspanne zu einem vorab vereinbarten Zinssatz zu verzinsen und am Ende der Laufzeit zurückzuzahlen – eine Konzeption, die am Kapitalmarkt auch als Straight Bullet Bond bekannt ist.

3.2.1 Verpflichtung zu Notierungsaufnahme an einer Börse

Im Gegensatz zu Fananleihen sind Mittelstandsanleihen Inhaberschuldverschreibungen, die zwingend in den Handel im Freiverkehr einer deutschen Börse einbezogen werden müssen. Diese Börsen wurden seit Anfang 2010 von der Deutsche Börse AG und einigen Regionalbörsen (mit Ausnahme von Berlin) gegründet, um Anleihe-Investoren ein Qualitätssegment zu bieten, das für Aktien-Investoren schon seit Jahrzehnten gang und gäbe ist. Diese Segmente sind namentlich der Entry Standard sowie der Prime Standard für Anleihen an der Börse Frankfurt, Bondm an der Börse Stuttgart, der mittelstandsmarkt an der Börse Düsseldorf, die Mittelstandsbörse Deutschland an den Börsen Hamburg und Hannover und m:access bonds an der Börse München (Abb. 3.9).

Erstmals hat im Juni 2012 mit Schalke 04 ein Fußballverein eine Mittelstandsanleihe an einer deutschen Börse begeben. Die Anleihe weist eine siebenjährige Laufzeit (2012-19) auf, die Nominalverzinsung liegt bei 6,75 % und das Emissionsvolumen bei 35,0 Mio. €. 2013 wurde die Anleihe im Rahmen einer Privatplatzierung auf 50,0 Mio. € aufgestockt.

[3] Vgl. Hasler P T/Karl C (2012) S. 362.

Verein	Anteil Schmuckanleihen	Nennwert (EUR)
Hertha BSC Berlin	50%	100 bis 1892
1. FC Köln	40%	100
Arminia Bielefeld	33%	100
Alemannia Aachen	28%	100 bis 500
1860 München	33%	150
Hertha BSC Berlin	48%	100 bis 1892
Schalke 04	40%	100 bis 1904
1. FC Nürnberg	38%	100 bis 500
FC St. Pauli	45%	100 bis 1910
Arminia Bielefeld	25%	100
Hansa Rostock	60%	100 bis 1965
Hamburger Sport-Verein e. V.	40%	125 bis 1.887
1. FC Köln	92%	100 bis 1948
MSV Duisburg	34%	111 bis 1902

Abb. 3.8 Schmuckanleihen im Überblick (Quelle: Angaben der Vereine, eigene Zusammenstellung)

	Entry Standard	Prime Standard	Bondm	der mittelstandsmarkt	Mittelstandsbörse Deutschland	m:access
Ort und Gründung	Frankfurt Q2/2011	Frankfurt Q4/2012	Stuttgart Q2/2010	Düsseldorf Q4/2010	Hamburg-Hannover Q1/2011	München Q4/2011
Zielgruppe	Junge, wachsende und mittelständische Unternehmen	Finanzierungsbedarf > 100 Mio. Euro oder Umsatz/Bilanzsumme > 300 Mio. Euro	Industrieller und industrienaher Mittelstand	Kapitalmarktfähige Unternehmen, die Eigen- oder Fremdkapital aufnehmen	Kapitalsuchende Unternehmen aus dem Mittelstand	Mittelständische Unternehmen mit mindestens dreijähriger Historie
Rechnungslegung	HGB/IFRS	HGB/IFRS	HGB/IFRS	HGB/IFRS/US-GAAP	Keine Beschränkung	HGB/IFRS
Kapitalmarktpartner	Deutsche Börse Listing Partner	-	bondm-Coach	Zugelassener Kapitalmarktpartner	Optional	Emissionsexperte

Abb. 3.9 Die Mittelstandsbörsen im Überblick. (Quelle: Angaben der Börsen)

Im Gegensatz zu Fananleihen, die an unregulierten Börsen notiert sind, sind die Emittenten von Mittelstandsanleihen bestimmten Einbeziehungsvoraussetzungen unterworfen, die in Abb. 3.10 zusammengefasst sind.

3.2.2 Verpflichtung zu regelmäßigem Rating

Kernstück bei der Emission einer Mittelstandsanleihe ist – wie bei einer „gewöhnlichen" Unternehmensanleihe auch – die Einschätzung der Unternehmensbonität durch eine unabhängige, EU-registrierte Ratingagentur. Sie überprüft im Rahmen des Ratingprozesses die Nachhaltigkeit der Cashflows des Unternehmens und trifft eine Einschätzung über die zukünftige Fähigkeit und rechtliche Verpflichtung des bewerteten Unternehmens zur termingerechten und vollständigen Erfüllung der Zins- und Tilgungszahlungen. Darüber hinaus soll das Rating Informationslücken zwischen dem Unternehmen und potenziellen Investoren bzw. Gläubigern schließen.

Die Schalke 04-Anleihe wurde zum Börsengang mit einem Rating von BB eingestuft. Die Ratingagentur Creditreform bescheinigt dem Verein damit eine befriedigende Bonität. 2013 erfolgte eine Herabstufung des Ratings um einen Notch auf BB-, das im Folgejahr bestätigt wurde. Auf Sicht von zwölf Monaten war mit dieser Ratingnote eine Ausfallwahrscheinlichkeit von 2,0 % verbunden.

3.2.3 Verpflichtung zu Transparenz

Anders als im unregulierten Freiverkehr, wo die Informationsbereitstellung der Emittenten freiwilliger Natur ist, verpflichten sich die Emittenten von Mittelstandsanleihen zu einer regelmäßigen Informationsbereitstellung. Von besonderer Bedeutung ist die sogenannte „Quasi Ad-hoc-Publizität", die Unternehmen dazu anhält, wichtige Informationen, die für die Kursentwicklung einer Anleihe und eine Investitionsentscheidung bedeutsam sind, unverzüglich einer breiten Öffentlichkeit zur Verfügung zu stellen. Dies entbindet Anleger zwar nicht davon, die Entwicklung eines Unternehmens selbst kontinuierlich zu verfolgen, verschafft ihnen aber die Möglichkeit, auf Ereignisse, die für die Finanz-, Vermögens- und Ertragslage wesentlich sind, schnell zu reagieren.

In eine ähnliche Richtung zielt die Forderung nach einer stringenten Debt Relations-Politik, wenngleich diese in den Allgemeinen Geschäftsbedingungen der Börsen nicht explizit formuliert ist. Unter Debt Relations versteht man die Kommunikation mit den Gläubigern durch den Emittenten. Aufgabe der Debt Relations

	Entry Standard	Prime Standard	Bondm	der mittelstandsmarkt	Mittelstandsbörse Deutschland	m:access
Prospektpflicht	Ja EU Passporting	Ja EU Passporting	Ja EU Passporting	Ja EU Passporting	Ja EU Passporting	Ja EU Passporting
Ratingpflicht	Ja, Ausnahme: Börsennotierung oder Umsatz > 300 Mio. Euro in letzten 3 Jahren	Ja, Ausnahme: DAX/MDAX-Notiz oder Umsatz > 1 Mrd. Euro in letzten 3 Jahren	Ja, Ausnahme: Notierung im regulierten Markt oder Freiverkehr	Ja	Optional	Ja, Emittentenrating
Mindestrating	Nein	Nein	Nein	Nein	Nein	Nein
Stückelung	Bis zu 1.000 Euro	Bis zu 1.000 Euro	1.000 Euro	Bis zu 1.000 Euro	Frei	Bis zu 1.000 Euro
Emissionsvolumen	Beliebig	> 100 Mio. Euro	> 25 Mio. Euro	> 10 Mio. Euro	Beliebig	> 10 Mio. Euro
Nachranganleihen	Nein	Ja	Ja	Ja	Ja	Ja
Branchenausschluss	Nein	Nein	Finanzdienstleister	Nein	Nein	Nein

Abb. 3.10 Einbeziehungsvoraussetzungen im Überblick. (Quelle: Angaben der Börsen)

ist es, Anleihegläubiger regelmäßig mit Informationen beispielsweise über den Verein und seine sportlichen und wirtschaftlichen Erfolge zu versorgen und damit das Fußball-Unternehmen weiter bekannt zu machen und vorhandenes Vertrauen in den wirtschaftlichen Erfolg zu festigen. Wegen der breiten Streuung der Anleihen auf viele Kleinanleger und Fans muss ein Verein seine Debt Relations-Arbeit auf einen relativ breiten Personenkreis ausrichten. Da Anleihen ausschließlich in Form von Inhaberschuldverschreibungen begeben werden, ist dieser Personenkreis, sofern die Zeichnung über eine Börse erfolgt, für den Emittenten zudem anonym. Damit ist die Zielgruppe der Privatanleger nur schwer zu erreichen, selbst wenn es sich dabei – trotz fortschreitender Internationalisierung der jeweiligen Marken – vornehmlich um inländische Investoren handeln dürfte. Nur wenn die Zeichnung über die Homepage des Vereins erfolgt ist, kann für die Kommunikation auf Adress- oder E-Mail-Listen zurückgegriffen werden, anhand derer die Gläubiger regelmäßig mit Jahres-, Halbjahres- oder Quartalsberichten oder weitergehendem Informationsmaterial versorgt werden können.

Obwohl das Thema Debt Relations grundsätzlich für alle Emittenten von Anleihen – egal ob Fan- oder Mittelstandsanleihe – gilt, ist es gegenwärtig bei keinem Verein mit Ausnahme von Schalke 04 möglich, in einem speziell für Anleihegläubiger ausgerichteten E-Mail-Verteiler aufgenommen zu werden. Einzelne Vereine, wie etwa der HSV, haben bereits am Tag nach der Vollplatzierung ihrer Anleihe sämtliche Hinweise auf die für die Zeichnung erforderlichen Dokumente – Wertpapierprospekt, Anleihebedingungen oder Geschäftsberichte – von ihrer Homepage getilgt. Dass diese Einstellung kurzfristig ausgelegt ist, zeigen die Vereine, die eine Zweitanleihe platziert haben. Ihre Platzierungsquoten liegen ausnahmslos unter denen der Erstemission. Da man davon ausgehen kann, dass die Erstemission mit wesentlich höherer Unsicherheit verbunden ist und ein Verein bei der Zweitemission auf die regelmäßige Zinszahlung und die erfolgreiche Rückzahlung der ersten Anleihe verweisen kann, wäre das genaue Gegenteil zu erwarten gewesen.

3.2.4 Verpflichtung eines Kapitalmarktberaters

Ein gravierender Unterschied zur klassischen Fananleihe ist die verpflichtende Mitwirkung eines Kapitalmarktberaters, der von der jeweiligen Börse zugelassen sein muss. Er ist für die Feststellung der Anleihefähigkeit des Unternehmens und die Strukturierung der Anleihe verantwortlich, also die Höhe der Verzinsung, Zinstermine, Laufzeit, Stückelung und gegebenenfalls Covenants oder Besicherungselemente. Seriöse Berater führen häufig auch einen Stresstest der wichtigsten Einflussfaktoren auf die Cashflow-Entwicklung durch, um die Belastbarkeit der

Liquidität und Solvenz des Vereins zu analysieren. Nach der Anleiheplatzierung besteht die Aufgabe des Beraters darin, die Einhaltung der Folgepflichten sicherzustellen und den Emittenten gegebenenfalls auf Verstöße aufmerksam zu machen. Bei der Anleihe von Schalke 04 wurde die Emission von der Frankfurter equinet Wertpapierhandelsbank begleitet, die auch für die Platzierung der Anleihe verantwortlich war.

Weitere Folgepflichten des Emittenten nach Aufnahme des Handels sind in Abb. 3.11 zusammengefasst.

3.2.5 Platzierung von Mittelstandsanleihen

Bis auf wenige Ausnahmen werden Mittelstandsanleihen schwerpunktmäßig bei institutionellen Investoren platziert. Dass Privatkunden im Platzierungsprozess eine untergeordnete Rolle spielen, liegt aber auch daran, dass die den Mittelstandsanleihenmarkt dominierenden Wertpapierhandelsbanken – im Gegensatz zu den großen Geschäftsbanken – keinen direkten Zugang zu Privatinvestoren haben. Wollen Privatanleger eine Zeichnung aufgeben, müssen sie sich selbständig an ihren Bankbetreuer wenden oder über die Website des Emittenten oder die sogenannte Zeichnungsbox direkt an der Börse zeichnen.

Infolge dieser Besonderheiten ist ein klassisches Bookbuilding bei der Emission einer Mittelstandsanleihe ungeeignet. Damit die Zeichnungsbox installiert werden kann, muss der Emissionspreis feststehen. Die Zuteilung kann also nur über das Festpreisverfahren erfolgen. Im Gegensatz zu Fananleihen, die in der Regel ohne Bankenbetreuung emittiert werden, wird bei Mittelstandsanleihen ein strukturierter Prozess zur Preisfeststellung vorgeschaltet. Hierzu werden bereits vor Beginn der Zeichnungsfrist über ein Pilot-Fishing und ein Pre-Marketing bei ausgewählten institutionellen Adressen die Zahlungsbereitschaft erfragt und anhand der daraus abgeleiteten Erkenntnisse die Parameter der Anleihe adjustiert.

3.3 Mittelverwendung von Fußballanleihen

Bei der in den Wertpapierprospekten angegebenen Mittelverwendung von Fußballanleihen zeichnet sich ein diversifiziertes Bild. Langfristige Investitionsprojekte, beispielsweise in den Stadionum- oder -neubau oder ganz allgemein in Immobilien, rangieren bei den in den Wertpapierprospekten angegebenen Verwendungszwecken an erster Stelle. Maßnahmen, die die Restrukturierung der Passivseite vorsehen, werden bevorzugt von finanziell angeschlagenen Fußballvereinen mit schwacher Ertragslage und negativem Eigenkapital angegeben.

	Entry Standard	Prime Standard	Bondm	der mittelstandsmarkt	Mittelstandsbörse Deutschland	m:access
Ort der Veröffentlichung	Internetseite des Unternehmens	Internetseite des Unternehmens und der Börse	Internetseite des Unternehmens	Internetseite der Börse	Internetseite der Börse	Internetseite des Unternehmens
Jahresabschluss und Lagebericht	Testiert innerhalb von 6 Monaten	Testiert innerhalb von 4 Monaten	Testiert innerhalb von 6 Monaten	Testiert innerhalb von 6 Monaten	Testiert innerhalb von 6 Monaten	Nur Kernaussagen
Halbjahresabschluss und Zwischenlagebericht	Innerhalb von 3 Monaten	Innerhalb von 2 Monaten	Innerhalb von 3 Monaten	Innerhalb von 3 Monaten	Nein	Nein
Quasi Ad-hoc Mitteilungen	Ja	Ja	Ja	Ja	Ja	Ja
Unternehmensportrait	Ja	Ja	Ja	Ja	Ja	Ja
Finanzkalender	Ja	Ja	Ja	Ja	Ja	Ja
Jährliches Folgerating	Ja	Ja	Ja	Ja	Nein	Ja
Veröffentlichung von Bilanzkennzahlen	Ja, Ausnahme: Börsennotierung oder Umsatz > 300 Mio. Euro in letzten 3 Jahren	Ja, Ausnahme: DAX/MDAX-Notiz oder Umsatz > 1 Mrd. Euro in letzten 3 Jahren	Nein	Nein	Nein	Nein
Jährliche Investorenkonferenz	Nein	Ja	Nein	Nein	Nein	Ja
Sprache Berichterstattung	Deutsch oder Englisch	Deutsch oder Englisch	Deutsch	Deutsch	Deutsch	Deutsch

Abb. 3.11 Folgepflichten. (Quelle: Angaben der Börsen)

Die Tatsache, dass unter den Vereinen mit den niedrigsten Platzierungsquoten diejenigen zu finden sind, die als Verwendungszweck nur pauschal „Allgemeine Liquiditätsbeschaffung“ angegeben haben, sollte Vereine zukünftig von dieser Mittelverwendung absehen lassen, zumal von einem Konsum der vereinnahmten Mittel ohnehin keine konkreten langfristigen Ertragsquellen zu erwarten sind. Dass auch Investitionen in neue Spieler nicht durch hohe Platzierungsquoten belohnt werden, wird an dieser Stelle nicht mehr überraschen. Eine Erklärung könnte sein, dass Investoren in Fußballanleihen, überwiegend also die lebenslang ihrem Verein verhafteten Fans, aufgrund ihres sportlichen Sachverstands von der Erfolgswahrscheinlichkeit einer Spielerverpflichtung ex ante schwieriger zu überzeugen sind als etwa die rein renditeorientierten Zeichner einer Industrieanleihe, aus deren Mitteln beispielsweise Investitionen in eine neue Produkteinführung finanziert werden sollen.

3.4 Insolvenzen von Fußballanleihen

Dass auch Fußballanleihen „nicht ganz unrisikovoll“[4] sein können, mussten spätestens die Anleger der „Tivoli-Anleihe“ von Alemannia Aachen erfahren, als der Verein nach dem Zwangsabstieg in die vierte Liga Insolvenz anmelden musste. Damit ist genau der Fall eingetreten, den Alemannia-Geschäftsführer Frithjof Kraemer noch zum Zeitpunkt der Anleiheemission 2008 aufgrund der „finanziellen Aufstellung der Alemannia“[5] als unrealistisch eingestuft hatte.

Die Tivoli-Anleihe ist nicht das erste Wertpapier, das nicht zurückbezahlt werden konnte. Bereits 2011 konnte sich Arminia Bielefeld für die Lizenz in der 3. Liga nur qualifizieren, weil Fans die seinerzeit fällige Anleihe entweder in eine neue umtauschten oder ganz auf eine Tilgung verzichteten.

In beiden Fällen konnten die Umsatzeinbußen, die ein sportlicher Abstieg für gewöhnlich mit sich bringt, nicht kompensiert werden. In beiden Fällen war der Abstieg in die Drittklassigkeit ursächlich für die Zahlungsunfähigkeit. Kein Wunder, meldete beispielsweise Arminia Bielefeld in der Bundesliga (2006) noch Umsätze von etwa 30 Mio. €, wurden diese in der 2. Bundesliga (2010) auf 13 Mio. € mehr als halbiert. In der 3. Liga brachen die Werbeerträge schließlich nochmals um 45 % und die Einnahmen aus Fernsehrechten um 82 % ein.

[4] Vgl. das Bonmot des Vorstandschefs des FC Bayern München, Karl-Heinz Rummenigge, das dieser als Co-Kommentator der WM 1990 in einem anderen Zusammenhang geäußert hat.

[5] Vgl. O. V. (2013), wo dieser mit einem Satz aus dem Jahr 2008 zitiert wird.

4 Fazit

Ein erfolgreicher Börsengang – gleich, ob mit Aktien oder Anleihen – stellt eine grundsätzlich langfristige Finanzierungsalternative dar, die sich auch in der Verwendung der eingeworbenen Finanzmittel widerspiegeln sollte. Dabei eröffnet sich für den Emittenten eine erhebliche Verbreiterung des Finanzierungs-Mixes. Die häufig geäußerte Kritik, wonach Fußballaktien aufgrund des erheblichen Einflusses der Geschehnisse am Spieltag keine seriöse Finanzierungsquelle sein können, greift dagegen aus unserer Sicht ins Leere: Gerade die Bereitstellung einer wöchentlichen Leistungsbilanz ist ein starkes Argument für die Fußballaktie, zumal wenn diese mit einer klassischen Industrieaktie verglichen wird, deren Emittenten im Entry Standard noch nicht einmal zur Veröffentlichung von Q1- oder Q3-Berichten verpflichtet sind.

P. T. Hasler, *Fußballvereine am Kapitalmarkt*, essentials,
DOI 10.1007/978-3-658-08483-7_4

Literatur

DFL Deutsche Fußball Liga GmbH (2014) Report 2014: Die wirtschaftliche Situation im Lizenzfußball, Frankfurt a. M.

Ernst & Young (2013) Bälle, Tore und Finanzen X, Stuttgart, S. 14

FC Schalke 04 (2012) Leitbild, verabschiedet auf der Jahreshauptversammlung 2012, Gelsenkirchen

Hasler PT (2013) Unternehmensanleihen simplified. Finanzbuchverlag, München

Hasler PT, Karl C (2012) Mittelstandsanleihe-Report H1/2012: Trends, Entwicklungen und Ausblick. In: Corporate Finance biz, Nr. 7, S. 358–362

Hasler P, Launer M A, Wilhelm M K (Hrsg) (2013) Praxishandbuch Debt Relations. Springer Gabler, Wiesbaden

Jacobi R (2001) Der Ball rollt. In: Süddeutsche Zeitung vom 09. Mai 2001, S. 23

Klimmer I (2003) Profifußballunternehmen an der Börse – Analyse des Wirkungszusammenhangs zwischen sportlichem und wirtschaftlichem Erfolg im Berufsfußball, Sportökonomie Uni Bayreuth e. V., Bayreuth

Korthals JP (2005) Bewertung von Fußballunternehmen: Eine Untersuchung am Beispiel der Fußballbundesliga. Deutscher Universitäts-Verlag, Zürich

Küting K-H, Strauß M (2011) Finanzielle und bilanzielle Krisenstrategien im Profifußball. In: Der Betrieb 47, 2613–2621

Mohr S, Bohl M (2001) Marke als Meistermacher Teil 1 bis 5. In: Sponsors 10/2001–02/2002

O. V. (2013) Tivoli: Alemannias Fan-Anleihe fließt in die Insolvenzmasse. In: Aachener Zeitung vom 12. Juni 2013

Weimar D, Fox A (2012) Fananleihen als Finanzierungsinstrument von Sportclubs? Eine Bestandsaufnahme am Beispiel der Fußballbundesliga. In: Corporate Finance Biz 3(4): 181–187

Zacharias E (1999) Going Public einer Fußball-Kapitalgesellschaft. Erich Schmidt, Bielefeld

P. T. Hasler, *Fußballvereine am Kapitalmarkt,* essentials,
DOI 10.1007/978-3-658-08483-7